Heinz Ohff
Gebrauchsanweisung für Schottland

Bereits erschienen:
Gebrauchsanweisung für...

Amerika von Paul Watzlawick ■ **Amsterdam** von Siggi Weidemann ■ **Bayern** von Bruno Jonas ■ **die Bretagne** von Jochen Schmidt ■ **China** von Kai Strittmatter ■ **Deutschland** von Maxim Gorski ■ **Dresden** von Christine von Brühl ■ **das Elsaß** von Rainer Stephan ■ **England** von Heinz Ohff ■ **Florenz** von David Leavitt ■ **Frankreich** von Johannes Willms ■ **Genua und die Italienische Riviera** von Dorette Deutsch ■ **Griechenland** von Martin Pristl ■ **Hamburg** von Stefan Beuse ■ **Irland** von Ralf Sotscheck ■ **Italien** von Henning Klüver ■ **Japan** von Gerhard Dambmann ■ **Kalifornien** von Heinrich Wefing ■ **Köln** von Reinhold Neven Du Mont ■ **London** von Ronald Reng ■ **München** von Thomas Grasberger ■ **New York** von Verena Lueken ■ **Paris** von Edmund White ■ **Polen** von Radek Knapp ■ **Portugal** von Eckhart Nickel ■ **Rom** von Brigitte Schönau ■ **das Ruhrgebiet** von Peter Erik Hillenbach ■ **Schottland** von Heinz Ohff ■ **die Schweiz** von Thomas Küng ■ **Sizilien** von Constanze Neumann ■ **Spanien** von Paul Ingendaay ■ **Südengland** von Elke Kößling ■ **Südfrankreich** von Birgit Vanderbeke ■ **Sydney** von Peter Carey ■ **Tibet** von Uli Franz ■ **die Toskana** von Barbara Bronnen ■ **Tschechien und Prag** von Jiří Gruša ■ **die Türkei** von Iris Alanyali ■ **Venedig** von Dorette Deutsch ■ **Wien** von Monika Czernin

Heinz Ohff

GEBRAUCHS ANWEISUNG für

Schottland

Piper München Zürich

ISBN-13: 978-3-492-27510-1
ISBN-10: 3-492-27510-9
Überarbeitete Neuausgabe 2002
3. Auflage 2005
© Piper Verlag GmbH, München 1992
Gesamtherstellung: Clausen & Bosse, Leck
Printed in Germany

www.piper.de

Inhalt

Schottland ist nicht England 7
Seife und Whisky 17
Das Wasser des Lebens 28
Porridge, Haggis, Cock-a-Leekie 38
Highlands, Lowlands 49
Edinburgh versus Glasgow 61
Aberdeen versus Dundee 74
Die anderen Städte und das Ungeheuer
   von Loch Ness 85
Liebeslieder mit Dudelsackbegleitung 95
Im Tal von Glencoe 104
Der zweite Schicksalsort: Culloden Moor 110
Dritte schottische Elegie: Die Landräumung . . . 120
Wie echt sind die Schotten? 130
Wie man Munroist wird 139
Golf 147
Braemar und die Folgen: Highland Games 155
Wo die Krähen rückwärts fliegen.
   Ein Kapitel über die schottische Sprache 164
Shetland, die Orkneys und zweimal Scapa Flow . 172
Die Hebriden – ein ganz anderes Land 183
Geiz und Aberglaube 189
Abschiedsbesuch in Abbotsford 197
Bibliographie 206

Schottland ist nicht England

Wir Deutsche sagen ja gern »England«, wenn wir eigentlich Großbritannien meinen. Das heißt: Wir beziehen Schottland, Wales und Nordirland stillschweigend in England ein, was übrigens fast alle Völker auf dem europäischen Kontinent tun. Nichts falscher als das.

Auf den Britischen Inseln ist es zwar möglich, einen Engländer als Schotten anzusprechen; man gibt ihm damit, humorvoll oder ganz ernsthaft, zu verstehen, daß man ihn für geizig hält. Umgekehrt sei es jedoch niemandem geraten, einen waschechten Schotten als »Engländer« zu titulieren. Er wäre zutiefst beleidigt – ganz wie ein Badener, der als »Schwabe« angesprochen wird oder umgekehrt – und fühlte sich schwer in seiner nationalen Ehre gekränkt. Denn Schottland bedeutet ihm mehr – oder sagen wir: etwas anderes – als einem Engländer England.

Das hat historische Gründe. Zur Identität Englands gehört das Empire, die halbe Welt, das Commonwealth, was alles, wenn auch kaum noch existent, die Engländer zum weltläufigsten Volk des Erdballs gemacht hat. Englisch spricht man allüberall auf der Welt, mit Maßen sogar in Schottland.

Dem schottischen England merkt man freilich immer

noch an, daß es sich nicht um die Originalsprache des Landes handelt. Das war Gälisch – bis die Engländer Mitte des 18. Jahrhunderts seinen Gebrauch verboten. Nie vergessen werde ich den Zugführer, der kurz nach der Grenze bei Berwick die Abteiltür aufriß und uns stolz entgegenschmetterte: *This is my country!* Dabei sah das Land, das draußen vorüberflog, nicht viel anders aus als dasjenige kurz zuvor. Aber er hielt uns wohl für Engländer und wollte demonstrativ zum Ausdruck bringen, daß ihm alles südlich des Tweed gestohlen bleiben und er sich nur hier und nirgends anders zu Hause fühlen könne.

Jene Weltläufigkeit – heute Singapur und morgen Perranporth –, die den Engländer bei aller speziellen Heimatliebe auszeichnet, fehlt dem Schotten, wie allen Völkern keltischen Ursprungs, ganz und gar. Wenn er den Tweed überschreitet, befindet er sich im Ausland und bekommt Heimweh. Nach London gehen bestenfalls die Intellektuellen, die ja immer anders reagieren als der Durchschnitt.

Das Wort für Land, *country*, sprach der Zugschaffner übrigens »countrry« aus, denn die Schotten rollen das »r« wie weiland Adele Sandrock. Sie kennen ja auch ein »ch«, etwa in *loch* (See), das sie guttural aussprechen wie wir. Und damit, wie wir sehen werden, haben sich die Ähnlichkeiten mit der deutschen Sprache noch nicht einmal erschöpft. Immerhin haben sie den Engländern, die so etwas nicht aussprechen können, ein unübersetzbares Schimpfwort zugedacht, das – wahrscheinlich bewußt – mit einem »ch« endet, nämlich *sassenach*. Damit können allerdings auch die Leute aus den Lowlands gemeint sein, die im Gegensatz zu denen der Highlands traditionell mit England sympathisieren.

Den Zugführer habe ich vor Jahrzehnten erlebt. Aber jedesmal, wenn ich über die schottische Grenze fahre, meine ich, sein *This is my country* im Ohr zu haben. Doch erst kürzlich habe ich in einem Bus auch das Umgekehrte erlebt, inmitten einer Reisegruppe, lauter Sassenachs, die wieder dem Süden zustrebte. Eine Dame seufzte, als wir, diesmal bei Gretna Green, die so gut wie nicht vorhandene Grenze überquerten, ihrer Nachbarin sichtlich erleichtert zu: *We are in England again, dear!* Es klang, als sei sie nach zehntägiger Strapaze den Bedrohungen durch die wilden Bergschotten nur um Haaresbreite entronnen.

Ein unheimliches Land, dieses Schottland, vor allem im Norden und, jedenfalls für sensible englische Gemüter, umgekehrt wohl auch. Mögen England und Schottland nebst Wales und Nordirland das United Kingdom of Great Britain, das Vereinigte Königreich Großbritannien, bilden, so sehr vereinigt sind die Länder jedoch nicht, daß man sie, selbst als Kontinentaleuropäer, in einen Topf werfen oder über einen Kamm scheren sollte. Es gibt viele und oft eklatante Unterschiede.

Man verzeihe mir, wenn ich mit denen beginne, die völkerpsychologisch und geopolitisch nicht zu den wichtigsten gezählt werden können, die aber jedem schlichten Reisenden sofort erfreulich auffallen, vor allem wenn er aus England kommt:

1. Es wird in Schottland besser geheizt.
2. Es zieht nicht überall aus sämtlichen Ecken.

3. Das Essen ist definitiv (und, was die englische Küche betrifft: überhaupt) gewürzt.
4. Kaffee und Tee entsprechen den Getränken, die man auf dem Kontinent darunter versteht, besonders ersteres, und:
5. Je nördlicher man kommt, desto billiger wird alles.

Banalitäten? Ich kann mich dabei auf Samuel Johnson berufen, den wohl bedeutendsten englischen Literaten des 18. Jahrhunderts, auch wenn die Aufzählung auf das Schottland seiner Tage noch nicht zutraf. Er bereiste mit seinem jungen Begleiter James Boswell die Highlands im Jahre 1773 in der – wie ich hinzufügen möchte: typisch englischen – Hoffnung, dort oben auf einen noch gründlich barbarischen Volksstamm zu stoßen. Er wurde bitter enttäuscht, denn er stieß statt dessen auf ein Land zwar ohne Straßen, aber mit einer eigenen, beeindruckenden Kultur. Beide, Johnson wie auch Boswell, haben je ein Buch über diese Reise publiziert.

Schon ziemlich zu Anfang seiner Darstellung über *Reisen nach den westlichen Inseln von Schottland*, in Banff, entschuldigt sich Johnson, bis heute einer der besten Stilisten englischer Sprache, dafür, daß er anscheinend nur über Lappalien berichtet; in diesem Fall die schottischen Schiebefenster, die, wie er beklagt, keine *weights and pullies*, Gegengewichte und Schiebevorrichtungen, besaßen. Er moniert zugleich, daß die Schotten selten oder nie ihre Fenster aufmachen, vermißt also die aus dem guten, alten England gewohnte Zugluft.

Dann schreibt er zu seiner Rechtfertigung: »Man sollte nie vergessen, daß das Leben nicht aus einer Folge glorreicher Ereignisse oder kultivierter Vergnügungen besteht; der größte Teil unserer Zeit vergeht vielmehr mit dem Befolgen reiner Notwendigkeiten, der Ausübung täglicher Pflichten, mit der Beseitigung kleiner Unbequemlichkeiten, auf der Suche nach belangloser Unterhaltung; und wir sind entweder gut oder schlecht zuwege, je nachdem der Strom des Lebens sanft an uns vorüberstreicht oder er durch kleine Hindernisse und ständige Unterbrechungen Steine in den Weg gelegt bekommt.«

Das gilt noch heute, und es gilt auch heute noch auf Reisen. Schottland ist ein wunderbares, fast ideales Reiseland, denn es bietet zweierlei: größtmöglichen Komfort nach englischem Vorbild, auch kleinstmöglichen, je nach Geldbeutel; sowie ein Erlebnis, das zumindest europäische Länder nur noch selten bieten können: Einsamkeit. »Es war eine der schönsten Reisen in meinem Leben, jedenfalls die poetischste«, verriet Theodor Fontane in seinem Vortrag *Das schottische Hochland und seine Bewohner.* »Ich habe nie Einsameres durchschritten.« Noch heute kann man in den nördlichen Highlands tagelang wandern, ohne einem einzigen Menschen zu begegnen.

Der Generation unserer Urgroßväter galt Schottland als bevorzugtes Reiseziel. Das hing mit den romantisierenden Historienwälzer Sir Walter Scotts zusammen. Obwohl der Autor am Ende seines Lebens bankrott machte, waren seine Bücher weltweite Bestseller, die auch in Deutschland begeistert verschlungen wurden. Fontane zum Beispiel wurde durch *Ivanhoe und Kenilworth* in den hohen Norden getrieben. Am Loch Leven in den Lowlands um Edinburgh beschloß er, seine heimische Mark Brandenburg so zu bereisen, wie es

Brandenburger damals mit Schottland machten. Der Loch Leven erinnerte ihn merkwürdigerweise an den Rheinsberger See. Theodor Fontane besaß ein entflammbares Herz, aber auch einen unbestechlich nüchternen Blick, der dem Samuel Johnsons in nichts nachstand. So hat er, ebenfalls am Loch Leven, schon im frühesten Tourismuszeitalter vor den Gefahren steriler »Von-Höhepunkt-zu-Höhepunkt-Reisen« gewarnt.

»Es ist eine Unsitte«, lesen wir, »die, wie überall, so auch in Schottland herrscht, dem Reisenden gleichsam eine bestimmte Reiseroute, eine bestimmte Reihenfolge von Sehenswürdigkeiten aufzudrängen. Irgendeine Eisenbahn- oder Dampfschiffahrt-Kompagnie findet es für gut, *diesen* See, *diesen* Berg, *diese* Insel als das Schönste und Sehenswerteste festzusetzen; regelmäßige Fahrten werden eingerichtet, bequeme Hotels wachsen wie Pilze aus der Erde, Stellwagen und Postillione, Bootsführer und Dudelsackpfeifer, alles tritt in den Dienst der Gesellschaft, und der Reisende, der ein Mensch ist und in möglichst kurzer Zeit mit möglichst wenig Geld das Möglichste sehen möchte, überläßt sich wie ein Gepäckstück diesen Entrepreneurs (Veranstaltern) und bringt sich dadurch um den vielleicht höchsten Reiz des Reisens, um den Reiz, *das Besondere, das Verborgene, das Unalltägliche* gesehen zu haben. Eine kleine Schönheit, die wir für uns selber haben, ist uns lieber wie die große und allgemeine.«

Man kann diese Aussage mit Ausnahme der Stellwagen und Postillione, für die man Luxusbusse und Reiseführer einsetzen könnte –, ohne weiteres auf die Gegenwart beziehen, auch wenn sie vor allem für die noch heute zivilisierteren Lowlands im Süden galt. Aber die Verführung durch das eigene Auto oder den Mietwagen läßt auch in den Highlands so manchen die Route nach den Sternchen des Baedecker abrasen. In Schottland, Fontane hat recht, bringt man sich dadurch um das Hauptvergnügen, nämlich die Entdeckung, daß gerade das von anderen Unentdeckte einem viel schöner und wichtiger vorkommt als die vielgepriesene Postkartenszenerie.

Um so mehr, als man im letzten Jahrhundert die englische Landschaft beinahe manisch mit neuen Autostraßen und unzähligen Umgehungswegen (*by-passes*) durchzogen hat. Viel zitiert wird der Autofahrerwitz: *We just passed the by-pass of a by-pass.* Die Fahrzeiten sind dadurch sehr verkürzt, die Strecken jedoch entsetzlich langweilig geworden, weil auch der kleinste Ort umgangen wird. Auch hat dieser Fortschritt die Landschaft in weiten Teilen des Südens und der Midlands gründlich zerstört. In den neunziger Jahren des letzten Jahrhunderts arbeitete man mit finsterer Entschlossenheit daran, das Verschandelungswerk auch in Schottland fortzusetzen. Sogar das historische Schlachtfeld von Culloden, auf das wir noch zu sprechen kommen, wurde durch einen Highway in der Mitte zerschnitten. Gottlob dürften sich die Weiten des gebirgigen Nordens gegen eine weitere derartige Erschließung sperren. Aber im Süden Schottlands haben die Straßenbaufanatiker bereits *tabula rasa* gemacht. Die Fahrt von Ort zu Ort ist bequem geworden; allerdings nur, wenn man genau weiß, wohin man will. Sonst fährt man im Nu an allen besonderen Schönheiten vorbei, hat die Kilometer oder Meilen gefressen, aber vom Land so gut wie nichts gesehen.

Mag es grundsätzlich empfehlenswert sein, vor Antritt einer Reise einen guten Reiseführer zur Hand zu nehmen und sich gründlich zu informieren, im Falle Schottlands würde ich dies nur demjenigen empfehlen, der durchaus eine Geschwindtour von einer Woche oder zweien machen will. Schottland – auch die Lowlands – sind so voller Überraschungen, vor allem in den abseits gelegenen Orten, Dörfern, Glens und Lochs, daß man jedem einsichtigen Reisenden einen Trip auf gut Glück empfehlen möchte. Johnson hat ihn im 18. Jahrhundert angetreten und Fontane ihn im 19. Jahrhundert andeutungsweise vorgeschlagen. Der Ratschlag dürfte auch noch dem 21. Jahrhundert und hoffentlich allen folgenden entsprechen: Man entdecke Schottland selbständig und lese den Reiseführer hinterher!

Natürlich ist nichts gegen Vorinformationen einzuwenden, wenn der nach Schottland Aufbrechende ganz Bestimmtes aufsuchen möchte. Etwa den Loch Leven, Fontanes Lieblingssee. Mit einer Fähre kann man übersetzen zu einer der beiden Inseln. Auf ihr befindet sich die Ruine von Lochleven Castle, der Burg, in der Maria Stuart fast ein Jahr gefangensaß. Sie entkam mit Hilfe des jüngsten Sohnes ihres Gefängniswärters, der sie nachts ans Ufer ruderte und den Schlüssel ihres Verlieses in den See warf. Man hat ihn später herausgefischt, anscheinend sogar mehrere Male, denn es gibt ihn mehrfach, unter anderem in der historischen Kuriositätensammlung Sir Walter Scotts auf Abbotsford.

Bei Loch Leven heißt es aufpassen. Es gibt zwei Seen dieses Namens. Der andere befindet sich weiter nordwestlich in Argyll, und es ist schon so mancher enttäuscht zurückgekommen, weil er dort vergeblich nach dem Kerker der Maria Stuart Ausschau gehalten hat.

Zu den Urtugenden der alten Schotten gehörte die absolute Gastfreundschaft, die man sogar Feinden angedeihen lassen mußte. Spuren davon sind im schottischen Hotelgewerbe, aber auch den billigeren privaten *bed-&-breakfast*-Quartieren immer noch anzutreffen. Mag sich äußerlich der Schotte etwas rauher geben, seine Freundlichkeit, auch und vor allem Fremden gegenüber, kommt meist von Herzen. Dem englischen Aberglauben, es gäbe ein Freundlichkeitsgefälle von Norden nach Süden (abnehmender Art), muß ich heftig widersprechen. Man kann im Süden Englands und ebenso im Süden Schottlands netter behandelt werden als auf den Orkney-Inseln. Hingegen zeichnet den Schotten aus, daß er bei aller Freundlichkeit oder sogar Freundschaftlichkeit nie das Selbstvertrauen verliert. So gern und lukrativ er Sie an seinem Land teilnehmen läßt, wird er Sie zugleich immer seinen – durchaus berechtigten – Stolz spüren lassen: *This is my country!*

Glauben Sie ihm jedoch nicht unbedingt die Klage über die fortdauernde Benachteiligung Schottlands durch die Regierung im fernen London. Die ursprünglich keltischen Schotten und die Engländer angelsächsischer Herkunft haben im Grunde nichts gemein mit Ausnahme der großen und schönen Insel, die sie bewohnen. Deshalb sind sie nicht immer sehr gut miteinander ausgekommen, und bisweilen knirscht es im Zusammenleben heute noch. Gut eingerichtet haben sich die Schotten im Vereinigten Königreich auf jeden Fall. In bezug auf die Lebensqualität stehen sie im United Kingdom statistisch mit 12,2 Prozent über dem Durchschnitt an der Spitze (und die Londoner bei minus 15,1 Prozent ganz unten). Gegenüber Statistiken ist zwar Skepsis angebracht; diesen Zahlen jedoch möchte ich, aus eigener Erfahrung, Glauben schenken.

Am Ende haben die Schotten sogar endlich ein eigenes Parlament in Edinburgh erreicht, das sie – endlich! – mit den englischen und walisischen Mitbürgern gleichberechtigt gemacht hat.

Seife und Whisky

Es ist nie gelungen, die Frage zu beantworten, woher die Kelten gekommen sind, die so ruhelos Europas Frühgeschichte durchwandert haben. Aus Indien? Anatolien? Iran? Böhmen? Gern apostrophiert man sie als »das Volk, das aus dem Dunkel kam«. Und warum haben sie sich nie zu einer Nation zusammengeschlossen, obwohl das ihr großer Wunschtraum war, wie wir aus der Artussage wissen? Weil sie Nomaden waren und blieben? Oder weil sie, ebenso kriegerisch wie sensibel, ein eigentlich künstlerisches Volk, aber mit Lanzen in der Hand (das Wort Lanze stammt aus dem Keltischen), in sich zu zerspalten gewesen sind? Wohin sie auch kamen und sich niederließen: Sie haben fasziniert im Sinn antiker Tragödien; sie erregten Furcht und Mitleid.

Als hochgewachsen beschreibt sie im ersten Jahrhundert v. Chr. der griechisch-sizilianische Historiker Diodor in seiner *Historischen Bibliothek,* »mit spielenden Muskeln unter weißer Haut. Ihr Haar ist blond, aber nicht von Natur, sie bleichen es auch auf künstliche Weise, waschen es in Gipswasser und kämmen es von der Stirn zurück nach oben. So sehen sie schon deshalb Waldteufeln gleich, weil ihre spezielle Wäsche das Haar auch noch dick und schwer wie Pferdemähnen macht ... Gekleidet sind sie, das ist verblüffend, in grell gefärbte und bestickte Hemden. Dazu tragen sie Hosen, die sie ›bracae‹ nennen, und Mäntel, welche auf der Schulter von einer Brosche festgehalten werden, schwere im Winter, leichte im Sommer. Diese Umhänge sind gestreift oder kariert, wobei die einzelnen Felder dicht beieinander stehen und verschiedene Farben aufweisen.«

Das Schottisch-Karierte, die diversen Tartan-Muster der verschiedenen Clans, stammen also schon aus dem Altertum. Caesars Gallier waren Kelten, kriegerisch und kulturbewußt. Ein Volk, das, in unzählige Wanderstämme zersplittert, anscheinend nur halb der vorhandenen Wirklichkeit angehörte. In dieser verursachte es Furcht und Schrecken, wenn es mit wilden Gesängen, die von mißtönenden Instrumenten begleitet wurden, Vorformen des Dudelsacks, in die Schlacht zog, die Krieger – aus Todesverachtung oder weil sie ihre Tartan-Gewänder schonen wollten – splitternackt. Ihr Feldzeichen: die geschrumpften Schädel früherer Feinde. Gefürchtet ihr wütender, mit rasender Tollheit erfolgender erster Angriff, vor dem noch die englischen Truppen im 18. Jahrhundert im schottischen Bergland zitterten.

Geheimnisvoll und unheimlich die merkwürdige Priesterkaste der Druiden, die die Krieger vor dem Angriff durch aufpeitschende Reden und vielleicht auch Drogen in eine Art Trance versetzten. Die Druiden fungierten als Geistliche, Lehrer, Wahrsager, Ärzte und, zuweilen, auch Richter, nahmen jedoch nie am Kampf selbst teil. Sie schufen aus Sagen und Geschichten die Grundlage des einzigen Reichs, das die Kelten dauerhaft errichtet haben: dasjenige des guten Königs Artus und seiner Tafelrunde, ein Traum- und Sagenreich. Dennoch scheint es für die Kelten die gleiche Realität besessen zu haben wie die sichtbare Welt. Mythos und Phantasien waren ihnen nicht weniger real als Wirklichkeitssinn und Verstand.

Ein Zwiespalt. Wahrscheinlich war er daran schuld, daß aus der mystischen König-Artus-Sehnsucht niemals ein keltisches Reich erwachsen ist. Keltisches scheint immer nur zur Hälfte von dieser Welt.

Phantasie und gleichzeitig Tatsachensinn haben auch die Schotten stets ausgezeichnet. Sie waren und sind große Fabulierer, wie Sir Walter Scott, Robert Louis Stevenson und, in unseren Tagen, Erzähler wie Colin Mackay, beweisen; ebenso die Schottenwitze, die fast alle hausgemacht sind. Andererseits gehören Ingenieurs- und Geschäftssinn ebenfalls zum Volkscharakter. Wer mit Schotten Handel treiben will, sollte aufpassen – was schon den Kaufleuten der Hanse bekannt war, die nicht nur in London, sondern auch auf den Shetland-Inseln eine Niederlassung (Bremen-Booth) besaßen. Die Schotten, Nachfahren der Kelten, sind gewitzte Geschäftsleute und große Organisatoren.

Auch ein Mann wie der Pittsburgher Eisenbahn- und Stahlmagnat Andrew Carnegie war ein typischer Schotte (weshalb ihn seine Landsleute auch auf der zweiten Silbe betonen, Carnègie). Mit einem außergewöhnlichen Gespür für Geschäfte begabt, schuf er sich in den USA rasch mehrere Vermögen, die er mit viel Phantasie auch gleich wieder ausgab. Nicht nur seiner Heimatstadt Dunfermline und seiner Wahlheimat Pittsburgh spendierte er Bibliotheksgebäude, Konzerthallen und Universitätsstipendien, sondern mit der Carnegie Hall in New York auch der gesamten englischsprachigen

Welt. Seine Erben beklagten, daß er 1919 als armer Mann starb, der nur noch fünf Millionen Dollar auf der hohen Kante hatte.

Am Ende war es Adam Smith aus Kirkcaldy, der die Grundlage legte zur modernen Nationalökonomie. Er entdeckte – typisch keltisch –, daß Selbstinteresse die wahre Triebkraft des Menschen ist und daher Freihandel sowie internationale Arbeitsteilung unerläßlich für wirtschaftlichen Aufschwung. Wer anders als ein Kelte konnte jene »unsichtbare Hand« sehen und definieren, die sowohl egoistisch für den einzelnen als auch, ungewollt, zum Wohle des Ganzen tätig ist?

Für Land- und Geldbesitz haben sich die Kelten schon früh interessiert, dabei druidisch auf das Verborgene hinter dem Sichtbaren achtend und sich von diesem nicht täuschen lassend. Freilich: Auch den Kulissen selbst haben sie große Aufmerksamkeit gewidmet. Freude an Schmuck und Dekorationselementen haben alle keltischen Völker. Von Charles Rennie Mackintosh und seiner Glasgow School of Art ging folgerichtig die Anregung zur kunstgewerblichen Revolution des schottischen Jugendstils aus. Von den kunstgewerblichen Schauderröschen, die einem in Schottland auf Schritt und Tritt und in jeder Motorway-Gaststätte angeboten werden, wollen wir schweigen, auch wenn sie letztlich Ausdruck einer jahrhundertealten Tradition sein dürften.

Aber das keltische Janusgesicht reicht bis in die Kunst der Gegenwart. George Rickeys bewegliche Stahlplastiken sind nach exakten Berechnungen erstellt, aber sie bewegen sich leicht und natürlich wie Pflanzen oder Blätter im Wind. George Rickey stammt aus Glasgow, genau wie Mackintosh. Aus dem rivalisierenden Edinburgh kommt der Popkünstler Sir Eduardo Paolozzi, dessen oft monumentale Gußformen die moderne Technologie mythologisch abzuwandeln scheinen.

Man kratze am Schottischen und wird sofort, gleich unter der Oberfläche, auf Keltisches stoßen. Ohne sein keltisches Erbe ist Schottland nicht zu verstehen.

Auch nicht ohne die alten Römer, die es ungewollt zu erhalten halfen, indem sie Schottland, Caledonia, konsequent aus ihrem Weltreich ausgeschlossen hielten. Das südliche England bildete, 43 n. Chr. von Kaiser Claudius erobert, vier Jahrhunderte lang den nördlichsten und keinesfalls ungeliebtesten Teil des römischen Imperiums, auf dem letztlich die gesamte Zivilisation des Abendlandes beruht.

Man muß sich das römische England damals zwar von Wäldern bedeckt, aber auch schon von gepflasterten Heerstraßen durchzogen vorstellen, mit blühenden Städten und Dörfern, Forts, Villen und sogar Warmwasserbädern und Fußbodenheizungen nach mediterranem Vorbild. Ein Aufstand der im Süden lebenden Kelten unter der Königin Boudicca (auch Boadicea genannt) im Jahr 61 n. Chr. konnte unterdrückt werden. Das römische England hätte blühen und gedeihen können, wären nur nicht im unwegsamen Norden die restlichen Kelten gewesen, die Pikten und die Skoten.

Die Pikten, so nimmt man heute wenigstens an, sollen germanischer Herkunft gewesen sein, aber die Skoten, denen Schottland seinen Namen verdankt, waren waschechte Kelten, wahrscheinlich aus Irland übersiedelt in die rauhen, doch schützende Berge. Von dort fielen beide Stämme, gemeinsam oder wechselseitig, plündernd und brennend in den blühenden Süden ein, wo Kaiser Hadrian schon ab 122 n. Chr. Störenfrieden aus dem Norden etwas entgegengesetzt hatte, was ihm im Verlauf der Menschheitsgeschichte noch mehrfach mit unterschiedlicher Wirkung nachgemacht werden sollte. Er baute an Englands schmalster Stelle eine Mauer, den Vallum Hadriani, den Hadrianswall: errichtet, wie eine Inschrift an seinem östlichen Ausgangspunkt lapidar mitteilt, aus *necessitas*, also purer Notwendigkeit.

Reste des Hadrianswalls zwischen Stanwix bei Carlisle an der West- und Wallsend bei South Shields an der Ostküste sind erhalten oder wieder ausgegraben. Auf dem Weg nach Schottland lohnt sich ein kurzer Abstecher nach Castlesteads, Carvoran, Chesters, Benwell oder Walltown. Der Eindruck ist gewaltig: Wo noch vorhanden, schmiegt sich die Mauer in eine karge Hügelgegend, wie man es von Fotos von der Chinesischen Mauer kennt, die gute 350 Jahre älter sein dürfte. Beide wurden gebaut als eine Art Zivilisationsgrenze gegenüber den Barbaren, wobei sich fragt, ob Mongolen, Briten, Pikten und Skoten tatsächlich barbarisch waren oder einfach nur anders als die selbsternannten Zivilisations- und Kulturträger.

Immerhin muß man die Römer auch hier wieder einmal bewundern. Das besterhaltene der ursprünglich 80 Forts, die die Grenze bestückten, ist Vercovicium bei Housesteads. Getreu dem alten Samuel Johnson imponierte mir dort am meisten ein Stück banaler, wenngleich überraschender Praktikabilität im Altertum, nämlich das gut funktionierende Abwässersystem. In der Latrine ist noch jener zirkulierende Wassergraben zu sehen, in dem die Legionäre ihre Schwämme auswuschen, die sie anstelle des heute üblichen Toilettenpapiers benutzten. Ich möchte nicht spekulieren, wo die Pikten und Skoten ihre Notdurft verrichtet haben. Am Ende sind auch derartige zivilisatorische Errungenschaften eine Sache menschlichen Ingeniums. Wer mehr zum Thema erfahren möchte, dem sei das Roman Army Museum empfohlen. Es liegt an der ehemaligen römischen Militärstraße, die einst den Wall im Süden begleitete und heute teilweise die B 6318 bildet, bei Greenhead.

Der römische Kaiser Antonius Pius hat später versucht, den Wall weiter nach Norden zu verlegen (Vallum Antonini), aber dieser wurde schon bald, nach 25 Jahren, wieder aufgegeben. So bildete der Hadrianswall bis zum Jahre 410 die Nordgrenze des Römischen Reiches. Als Kaiser Honorius sich endgültig aus dem kühlen Nordland zurückzog, brachen für England die *Dark Ages* an, die dunklen Zeiten, als jeder gegen jeden stand und Wikinger, Normannen, Angeln und Sachsen aus allen Himmelsrichtungen ins Land fielen. Auch die Pikten und Skoten blieben davon nicht verschont.

Immerhin hat die römische Schutzmauer bewirkt, daß sich Schottland ein Eigenleben auf keltischer Grundlage bewahren konnte, dessen Nachwirkungen – unscheinbar oft – bis heute zu spüren sind.

Das liegt an den unterschiedlichen Staatssystemen, die sich im Mittelalter herausgebildet haben. Obwohl England wie auch Schottland Königreiche waren, waren diese doch höchst unterschiedlich gegliedert. Basierte (und basiert) England auf einer mehr oder weniger fest umrissenen Hierarchie, die auf Ererbbarkeit und auf definitiven Klassenunterschieden beruht, so zerfiel Schottland in Familien, jene Clans, deren Individuen, so Neil M. Gunn, der radikalste Schotte unter den Schriftstellern des 20. Jahrhunderts, »es ganz einfach nicht möglich war, sich in solchem Rahmen sozial unterschiedlich zu gliedern«. Das alte Schottland sei »vertikal geteilt« gewesen, formuliert er, das alte England horizontal: »Das ist in Kürze der Unterschied zwischen dem überlieferten Clan- und dem Feudalsystem. Und alle Institutionen, die Schottland hervorgebracht hat, weisen diese vertikale Konzeption auf, die auf Individualismus und Demokratie beruht. Selbst als wir unsere Kirche reformierten, taten wir es nicht in der charakteristischen Weise, daß sie von einer geistlichen Hierarchie regiert wurde, sondern von Laienmitgliedern der einzelnen Gemeinden.« Das mag durchaus wahr sein, obwohl man doch wohl nicht das alte keltisch-schottische Clan-System ohne weiteres mit Individualismus und Demokratie gleichsetzen kann. Zweifellos war es individualistischer und demokratischer als das gleichzeitige englische Feudalsystem (oder dasjenige, das bei uns in Mitteleuropa vorherrschte).

Der König von Schottland stand tatsächlich einer unübersehbaren Schar von Einzelfamilien gegenüber (*clans*), deren Oberhäupter (*chiefs*) volle Justizhoheit über ihr Gebiet besaßen. Unter den Chiefs lebten und arbeiteten natürlich nicht nur direkte Familienmitglieder, wohl aber fühlte man sich diesen familiär verbunden, nahm oft sogar den Namen des jeweiligen Chiefs an, was die gewaltige Häufung von Namen wie MacDonald, MacPherson oder MacLeod in den Telefonbüchern verursacht hat.

Der Chief, Patriarch und Lehnherr, war die verehrte

Vaterfigur, die jeder Clan-Angehörige bis in den Tod verteidigt hätte und tatsächlich verteidigte. Denn er als unumschränkter Herr beschloß über Krieg und Frieden. Das Clan-System brachte eine Menge von Streit und Fehde mit sich, von Viehdiebstählen, die gerächt, und umstrittenen Ländereien, die verteidigt oder erobert werden wollten. Der neunte Thane von Cawdor zog mit seinen Leuten gegen seinen Schwager MacLean auf Daviot Castle zu Felde, weil dieser des Thanes Schwester nackt auf einem Felsen im Meer ausgesetzt hatte. Auch das keltisch-schottische Familienleben hatte seine Tükken. Und familiärer als sonstwo üblich ging es im alten Schottland schon zu, den unwegsamen Bergen in den Highlands wohl angemessen.

Andererseits läßt sich das System durchaus nicht als grundlegend demokratisch bezeichnen (in welcher Familie herrschen schon demokratische Sitten?). Es gab zwar keine Unfreien, nur gleichberechtigte Clan-Mitglieder. Das Land jedoch wurde vom Chief an bevorzugte Unterpächter vergeben (*crofters*), die wiederum einen Teil weiterverpachteten, so daß – vertikal hin, horizontal her- trotzdem eine gewisse hierarchische, wenn man so will sogar kapitalistisch formierte Rangordnung den Clan durchzog.

Ein Keltenverächter, der mich provozieren wollte, hat mich einmal gefragt, was dieses Volk eigentlich kulturhistorisch geleistet habe, außer daß die Männer Röcke trugen und auf dem Dudelsack zu spielen verstanden.

Nun, die Kelten haben zumindest zwei Dinge erfunden, ohne die ich auf dieser Welt nicht leben möchte: die Seife und den Whisky. Ohne das eine wäre die

Menschheit ganz allgemein schwer zu ertragen, und ohne das andere besonders jener Teil, dem besagter Keltengegner angehört.

In seinem vielgelesenen populären Buch *Die Kelten* hat Gerhard Herrn diesen eine weitere Erfindung zugesprochen, von der wir alle nach wie vor profitieren. Sie beruht darauf, daß keltische Stämme, berühmt wegen ihrer Geschäftstüchtigkeit, frühe Reisende gegen Bezahlung aufnahmen, folglich die Vollpension erfunden haben, das was die Engländer *full board* nennen.

Von den keltischen Ahnen dürften die Schotten den Geschäftssinn und ihren Sinn für das Praktische allgemein geerbt haben. In ihrem rauhen Land haben sie Mängel, deren es viele gab, stets als Herausforderung empfunden und oft erfolgreich versucht, ihnen abzuhelfen. Schotten verdanken wir das Telefon (Alexander Graham Bell), die Logarithmenrechnung (John Napier), den Asphalt (John McAdam), die wasserdichte Kleidung (Charles Mackintosh), das Penicillin (Alexander Fleming), und, *last not least*, die gesamte soziale Marktwirtschaft (Adam Smith). Eine erfinderische Nation, falls es sich – wir werden darauf zurückkommen – um eine solche handelt.

Reinlich wie die Holländer und ordnungsliebend wie die Deutschen präsentieren sie sich als Nordländer, ganz wie die Skandinavier. Man beachte nur, wie sowohl in den Low- als auch in den Highlands die Tannen millionenweise zu gepflegten Forsten angepflanzt sind, eine an der anderen schnurgerade in Reih und Glied aufmarschiert, wie zur Parade. Was den bizarren Hügeln, Tälern, Flüssen und Seen vor allem im Norden einen besonderen, weil widersprüchlichen Charakter verleiht.

Um den Vergleich mit anderen Völkerschaften fortzusetzen: Die Schotten kochen beinahe so hervorragend wie die Franzosen, von denen sie einen Gutteil ihrer Küche übernommen haben; und was den Whisky angeht, der mehr darstellt als ein alkoholisch hochprozentiges Getränk, so sind sie unschlagbar. Ihm sei darum das nächste Kapitel gewidmet.

Das Wasser des Lebens

Never drink Whisky with water
and never drink water without Whisky

*Trinke niemals Whisky mit Wasser
und nie Wasser ohne Whisky*
   Schottisches Sprichwort

Zwei Dinge, sagt ein anderes Sprichwort, liebt der Schotte nackt. Das eine ist Whisky. – Beide Sprichwörter entsprechen jedoch nicht ganz den Tatsachen. Erfahrene schottische Whiskytrinker raten, selbst den kostbarsten Malt-Whisky mit einem Schluck klaren Wassers, wenn auch keinesfalls mit Sodawasser, zu verdünnen. Erst das bringt den Geschmack, die Würze, die Blume des Getränks zur rechten Wirkung. Und zum Entsetzen aller puristischen Ausländer genießt der gewöhnliche Schotte seine *dram*, *tot*, seinen *nip* oder *spot* (alles Ausdrücke für einen kleinen Schluck des schottischen Nationalgetränks) im Pub zumeist mit Limonade. Oder er spült ihn mit einem Glas Bier (*a hauf and a hauf*) hinunter. Daß man alles nicht zu eng sehen darf, gehört ebenfalls zu den gälischen Lebensweisheiten.

Gälisch (oder Erse) heißen die aus dem Keltischen stammenden Sprachen oder Dialekte, die in Irland, Schottland und auf der Isle of Man gesprochen werden. Der bis heute populärste Dichter, der in einem aus dem Gälischen stammenden schottischen Dialekt schrieb, war Robert Burns, Rrobert Burrns ausgesprochen, aber meist zärtlich Rrobbie genannt. Er wird oft und oft noch heute zitiert; die meisten Schotten kennen Gedichte von ihm auswendig und benutzen Wendungen aus ihnen wie die Deutschen solche von Wilhelm Busch, der aber fast ein Jahrhundert jünger ist. Eines der beliebtesten Zitate dürfte den Schotten das Ende eines Gedichts ihres Robbies sein, das sich empört gegen die Erhöhung der Steuern auf Whisky wandte. Es lautet: *Freedom and Whisky gang the gither* – Freiheit und Whisky gehen zusammen! Ein *dram*, ein Schluck Whisky, den man in Schottland seinen Gästen angeblich im Fingerhut kredenzt: kaum nachvollziehbar für einen Fremden, was er einem Highländer bedeutet! Der Malz- und Torfduft, den er ausströmt, erinnert ihn an eine Unabhängigkeit, die er verloren hat oder verloren glaubt. Oder die er überhaupt nur nach einem *wee dram* jemals besaß. Dieser Traum der Schotten dürfte jenem der Kelten gleichen, die vergeblich von Avalon, dem keltischen Königreich, träumten.

Wee heißt winzig, aber ein *wee dram* kann einen gehörigen Schluck bedeuten, denn der Schotte liebt die Diminutive wie unsere Schwaben, wenn sie Dingen oder Namen ihr verkleinerndes »le« anhängen. Nichts hat Schottland im Verlaufe seiner Geschichte mehr verärgert als die ungeheuren Steuern, die man auf ihr Stammgetränk und folglich auf ihren Traum von der schottischen Unabhängigkeit gelegt hat. Selbst Robbie Burns stimmte in den Protestchor ein, und der war immerhin zeitweise Zollbeamter.

Tatsächlich klingt es reichlich absurd, wenn man in einer Whisky-Brennerei erfährt, daß der Inhalt einer Flasche, die für umgerechnet 20 Euro im Geschäft verkauft wird, für gerade 45 Cent hergestellt wurde. Kein Wunder, daß es früher so viele illegal arbeitende Whisky-Brennereien gab – im Jahre 1777 waren es allein in Edinburgh 400 gegenüber acht, die eine gültige Lizenz besaßen. In den Highlands und auf den Inseln soll es nach wie vor Schwarzbrenner geben. Deren Zahl ist unbekannt. Ein lohnendes Geschäft ist es für sie schon – ebenso wie im freien Handel für Vater Staat, vergleichbar der Ölförderung in der Nordsee. Der Export von Whisky betrug 1986 – die letzte offizielle Angabe, die ich eruieren konnte – nicht weniger als 1,070 Milliarden Pfund Sterling. Eine enorme Summe. Man multipliziere sie mit anderthalb, dann hat man das Äquivalent in Euro.

Der Name kommt selbstredend aus dem Gälischen, *usque beatha* oder *usquebaugh* bedeutet soviel wie »Lebenswasser«, also etwas ähnliches oder sogar das gleiche wie Aquavit oder, französisch, *eau de vie*. Nach Schottland eingeführt wurde das Rezept für seine Herstellung – ebenso wie das Christentum, und manche meinen sogar, parallel mit ihm – aus Irland. Beide, der irische Whiskey und der Scotch Whisky, werden aus Gerste gebrannt, im Gegensatz zum amerikanischen Bourbon-Whisky, dem Roggen und Mais zugrunde liegen.

Man bestellt gewöhnlich nicht einen Whisky, sondern einen Scotch, und es hat sich eingebürgert, daß man nur diesen als einen solchen bezeichnen darf. Etwas anderes, was aus Schottland stammt oder zur Eigenart des Landes gehört, ist *scottish*, und ein Schotte ist kein Scotch, sondern ein *Scot*. Man sollte höflicherweise diese Unterschiede beachten, obwohl es sie, ganz streng genommen, nicht gibt. Laut *Collins* sowie *Oxford English Dictionary* bedeutet *scotch* nichts anderes als *scottish*. Freilich werden beide Wörterbücher in England redigiert und *Chambers English Dictionary*, das zwar in Cambridge verlegt, aber in Edinburgh zusammengestellt wird, fügt seiner Definition des Wortes als »eine Form von scottish oder Scots« hinzu: »was manche Schotten nicht leiden können oder verabscheuen.« Es erinnert sie wahrscheinlich zu sehr an den ungeliebten Spitznamen, den die Engländer den Schotten gegeben haben. *Scotchy.* Mehrzahl: *Scotchies.*

Angefeuert hat der Whisky die Schotten immer, nicht weniger als Asterix jener »Zaubertrank«, den ihm im Comic strip der Druide vor der Schlacht reicht, *potion magique* auf französisch. Da, wie wir gesehen haben, die alten Gallier Kelten waren, wird es sich auch dabei um nichts anderes als Usque Beatha oder Usquebaugh gehandelt haben. Vor der Schlacht bei Culloden, 1745, brach der schottische Militärgeistliche nahezu druidisch statt Brot Hafermehlkuchen und reichte im Kelch statt Wein Whisky. Die Schlacht ging traurigerweise trotzdem verloren. Als man Flora MacDonald zu Grabe trug, die einst Bonnie Prince Charlie gerettet hat (Näheres darüber im Kapitel »Der zweite Schicksalsort: Culloden Moor«), ertränkten, wie Susan Fleming in *The Little Whisky Book* berichtet, die 3000 Leidtragenden auf der Insel Skye ihre Trauer in 300 Gallonen Scotch. Ein gewaltiger *dram* für einen jeden, denn eine Gallone entspricht etwas über 4,5 Litern.

> O thou, my Muse! guild, auld Scotch Drink!
> Whether thro' wimplin worms thou jink,
> Or, richly brown, ream owre the brink,
>   In glorious faem,
> Inspire nie, till I lisp and wink,
>   To sing thy name!

Derart besang Robert Burns den Whisky: »O Du, meine Muse! Guter, alter schottischer Trunk! Ob Du Dich durch die gewundenen Worms (die Spiralen bei der Destillation) zwängst oder dunkelbraun über die Ränder trittst in herrlichem Schaum: feuere mich an, bis ich stammelnd und zwinkernd Deinen Namen preise!« Eine sehr prosaische Übersetzung. Man lasse sich bei Gelegenheit diese Verse von einem Scotsman vorlesen. Im selben bis heute heißgeliebten Gedicht findet sich eine Strophe, die, angeheitert stammelnd und augenzwinkernd, darauf hinweist, als was ein Schotte den Whisky, in Maßen genossen, ebenfalls von jeher betrachtet: als Medizin. Um den vollen Sinn der Strophe zu verstehen, muß angemerkt werden, daß einem Gastwirt namens Duncan Forbes (Betonung des Namens auf beiden Silben: For-Bes) in Ferintosh die Lizenz entzogen worden war. Burns klagt:

> Thee Ferintosh! O sadly lost!
> Scotland lament frae coast to coast!
> Now colic-grips, an' barkin boast,
>   May kill us a',
> For loyal Forbes' charter'd boast
>   Is ta'en away!

Da beweint Schottland von Küste zu Küste, daß dem wackeren Forbes das verbriefte Recht weggenommen worden ist und nun alle eines elenden Todes an Koliken sowie *barkin boast* (Husten) sterben müssen.

Natürlich hat der Dichter da whiskyselig bewußt übertrieben. Aber nicht zu sehr. Die Schotten versuchten immer, Krankheiten zunächst mit Whisky zu heilen, ehe sie stärkere oder von Ärzten verschriebene Mittel anwandten. Daran hat sich nichts geändert. Die nette Wirtin in Tain wunderte sich sehr über meine Frage, ob sie nicht etwas gegen die Grippe meiner Frau im Haus habe. Whisky war nun wahrhaftig genug vorhanden.

Im Hochland wird auch immer noch *Hogmanay* (Silvester) begangen, indem man einer alten Sitte gemäß mit einer Flasche Whisky (bisweilen auch mehreren) von Haus zu Haus zieht. Und einem neugeborenen Highlander wird auf manchen Inseln nach wie vor der Kopf mit einigen Tropfen Whisky eingerieben, wenn man diese dem Baby nicht sogar mit silbernem Löffel einverleibt. Kurzum: Es handelt sich beim Scotch nicht um einen x-beliebigen Schnaps, sondern um einen mythischen Zaubertrunk, eitle Göttergabe, deren Genuß zugleich so etwas wie schottischen Zusammenhalt, keltischen Schutz und Trutz bedeutet.

Ich will hier nicht Einzelheiten über die Herstellung dieses Göttertrankes schildern. Erstens verstehe ich die komplizierten Abläufe nicht vollständig, und zweitens läßt man sich die Technik am besten in einer der vielen Brennereien erklären, die Besuchern offenstehen. Meist wird einem nach beendeter Führung sogar ein *dram* spendiert. In der Glenfarclas Distillery in Ballindalloch (Banffshire) wird einem dieser sogar in stilechtem Dekor gereicht. Die Eichenholztäfelung des Raumes stammt aus dem 1952 abgewrackten Luxusdampfer »Empress of Australia«. Die »Empress« wurde 1913 auf der Stettiner Vulkan-Werft gebaut.

Aber man kann die gigantischen Hexenküchen, in denen aus Gerste und Malz, Feuer und Rauch, Destillation und Lagerung Whisky wird, auch in anderen Orten besichtigen. Gute Erfahrungen machte ich zum Beispiel in der Ord Distillery in Muir of Ord (Ross-Shire) bei Inverness oder der Glenfiddich Distillery in Dufftown unweit von Aberdeen. Es riecht überall gleich nach Fäulnis und Hefe, man wird überall gleich freundlich empfangen und belehrt. Whisky-Hersteller sind keine armen Leute, und Public Relations ist ihnen kein Fremdwort.

Whisky-Brennereien gibt es in allen Teilen des Landes. Man findet sie im Hochland, zumindest in den bewohnten Gegenden, nahezu auf Schritt und Tritt. Allein an der berühmten Speyside sind es über 80. Die Spey ist ein Fluß im Osten der Highlands, der die Grampian Mountains durchfließt und im Moray Firth mündet. Bekannt für ihr quellklares Wasser, gilt die Spey auch als Paradies der Lachsangler. Die Fabriken entnehmen das Wasser direkt dem Fluß oder seinen Nebenflüssen Livet, Avon, Dullan und Fiddich.

Wasser ist die wichtigste Voraussetzung für einen guten Whisky, weshalb der aus dem regenreichen Hochland den aus den Lowlands nach Meinung der Connaisseurs weit übertrifft. Das gilt freilich nur für den Malt Whisky, der je nach Gegend, traditioneller Herstellung und Wasserqualität anders schmeckt. Er gleicht darin den Lagen des Weinbaus. Talisker von der Insel Skye schmeckt nach Torfrauch, Malt von der Insel Islay, dem viele Kenner die Krone verleihen (acht Sorten), nach Jod und Seetang. Glenfiddich und Strathisla gelten als vollmundig, der Laphroaig als leicht ölig. Es gibt auch solche mit entferntem Salzgeschmack, beispielsweise die aus der Mode gekommenen Campbeltown Malts. Die aus den

Lowlands, etwa der Rosebank, sind leichter, fruchtiger und etwas süßer.

Der berühmteste aller Malt Whiskys dürfte The Glenlivet sein. Die Brennerei wurde zur Empörung der Kollegen von einem Schwarzbrenner und Schmuggler gegründet, George Smith. Ihr Erfolg ist beispiellos. Die Firma führte jahrelang einen aufsehenerregenden Prozeß um das alleinige Recht, den Namen Glenlivet benutzen zu dürfen, den sie verlor. Erreicht wurde jedoch, daß ihr Whisky als einziger The Glenlivet, *der* Glenlivet, heißen darf.

In nahezu der gesamten Literatur über dieses Thema, das eine ganze Bibliothek füllen könnte, wird The Glenlivet am höchsten gepriesen. Nur der patriotische Neil M. Gunn, der das eigenwilligste Buch über *Whisky und Schottland* (so der Titel) geschrieben hat, fand etwas zu meckern. Er zog – wie einige andere – Glenfiddich vor.

Und er wetterte gegen die Zugeständnisse, die an die Moderne (und den weltweiten Massenkonsum des schottischen Whiskys) gemacht werden mußten. Torf, zum Brennen dringend erforderlich, ist in ganz Großbritannien knapp geworden. Für Gärten und zum Privatgebrauch darf schon kein Torf (*peat*) mehr gewonnen und verkauft werden, um die letzten Moore und Hochmoore zu schützen.

Auch mangelt es an gebrauchten Sherryfässern, in denen das destillierte Feuerwasser zwölf, zehn oder doch zwei bis drei Jahre, je nach Qualität, gelagert werden sollte, damit es Reife und Farbe gewinnt, denn der gebrannte Whisky ist ursprünglich farblos wie Wasser. Zwar werden immer noch laufend alte Sherryfässer, und zwar so viele wie möglich, aus Portugal importiert, aber die meisten Fabriken begnügen sich längst mit gewöhnlichen Fässern aus Eichenholz und helfen der Farbe mit Malz nach, was angeblich dem Geschmack des Endprodukts nicht schadet.

Die uns bekannten und gewohnten Whiskymarken sind allerdings keine Malt-Erzeugnisse. Es handelt sich bei ihnen um Mischungen aus verschiedenen Malts mit hauptsächlich leichtem Grain Whisky, der auf weniger qualitätsvolle Weise aus gemalzter und ungemalzter Gerste oder auch Mais gewonnen wird. Das Mischen, *blending*, ist eine Kunst für sich und verlangt große Erfahrung – ein eigener und hochbezahlter Berufszweig. Am Ende muß die Marke – heiße sie Johnnie Walker, Black & White, White Horse, Haig, Ballantine's, Bell's, Dewar's, Teacher's oder Chivas Regal – dem daran gewöhnten Kunden immer gleich schmecken.

Kenner rümpfen die Nase. Die meisten Schotten auch. Sie behaupten, den Blended Whisky eigens für die Engländer südlich des Tweed erfunden zu haben, damit die Schotten die besten Malt Whiskys selbst trinken können; was sie denn auch tun. Es gibt übrigens nur einen einzigen Grain Whisky, den man in Flaschen kaufen kann: Old Cameron Brig. Er schmeckt – wenigstens mir – gar nicht einmal schlecht.

Wer ins Land des Whiskys reist, wird überdies vielleicht auf eine spezielle Marke verzichten müssen. Denn der Bedarf der Hauptabnehmerländer – USA, Japan und Deutschland, in dieser Reihenfolge – hat dazu geführt, aus Mangel an Masse selbst die Blended Whiskys länderweise zu kontingentieren. Man halte sich an die unzähligen Malt Whiskys. Oder trinke Bier, das ebenfalls aus dem besten Wasser gebraut wird, das es auf der Welt gibt, dem schottischen. Auch den Mineralwassern aus den Highlands kann man verfallen.

Das Kapitel hat Durst gemacht. Ich werde mir ein Glas Wasser des Lebens gönnen.

> Then let us toast John Barleycorn,
> Each man a glass in hand;
> An' may his great prosperity
> Ne'er fail in auld Scotland.

Die Verse sind selbstredend von Robert Burns.

Porridge, Haggis, Cook-a-Leekie

Den schottischen Whisky haben wir besungen, wie es seiner mythischen, kulturhistorischen und wirtschaftlichen Bedeutung entspricht. Wer jetzt etwas Gleichwertiges über die Seife – oder gar die Vollpension – erwartet, wird leider enttäuscht werden. Von beiden ist nichts Besonderes mehr zu berichten. Die Seife sieht in Schottland nicht anders aus als in England oder bei uns, wo immer Erzeugnisse von Firmen wie Colgate, Palmolive, Sunlicht oder Henkel verkauft werden.

Was auch für die Hotels gilt und die Pensionen, die *guesthouses* oder *bed-&-breakfast*-Gelegenheiten. Die Hotels sind allenfalls im Durchschnitt besser organisiert als anderswo – Schotten sind auch in kleinen Dingen erfinderisch und ehrgeizig darauf bedacht, daß alles klappt.

Enorm allerdings ist der Seifenverbrauch. Er stand zeitweilig in Europa an der Spitze und wurde nach einigen Jahrzehnten, wenn die Statistik nicht täuscht, nur von den Luxemburgern und den Dänen übertroffen. Das sieht man zwar einer Stadt wie Glasgow nicht ohne weiteres an, aber erstens gibt es in Schottland nur wenige Städte dieser Größenordnung, und zweitens gelten solche auch anderswo nicht eben als Musterbeispiele für penible Sauberkeit – zumindest was die Straßen betrifft.

Die Erfindung der Seife durch die Kelten wird übrigens angefochten. Was nicht wunder nimmt, denn Seife gab es schon in der Antike, auch wenn das Konglomerat aus Asche und Olivenöl kaum unseren Ansprüchen genügt haben dürfte. Sie wurde überdies damals nur medizinisch verwandt. Als hausgemachtes Reinigungsmittel taucht sie zuerst um 100 n. Chr. in Frankreich auf; und da die Gallier, wie wir gesehen haben, Kelten waren, kann die Behauptung, sie sei keltischen Ursprungs, also durchaus zutreffen.

Ordnung und Sauberkeit sind zwar in jüngster Zeit nicht nur bei uns als Sekundärtugenden ein bißchen in Verruf geraten, gleichwohl erleichtern sie das Leben, vor allem auf Reisen. Im übrigen werden wir dennoch in diesem Kapitel Verächtern von Bagatelltugenden einiges Sympathische über die Schotten berichten können, unter anderem ihre Vorliebe für grobkörnige Naturspeisen. Ich persönlich empfinde diesen schottischen Widerspruch – einen von vielen – keinesfalls als nachteilig. Man erkennt schon beim Übergang über die Grenze, daß man in ein Territorium gerät, in dem die Menschen ihr Werk anscheinend mit Zirkel und Lineal handhaben. Am Ende ist dort oben die Natur schon genialisch-unordentlich genug. Feldeingrenzungen, Zäune, Blumenbeete in Bauerngärten, Schilder, Wegweiser, Verkehrszeichen, sogar jene merkwürdigen spitzen Hütchen, die sich überall auf den Landstraßen der Welt bei Straßenbauarbeiten eingebürgert haben, sind mit Sorgfalt aufgerichtet oder aufgestellt. Überall spürt man eine Art ordnende Hand. Von den Tannenanpflanzungen war bereits die Rede. Man hat manchmal den Eindruck, die Schotten täten dies eigens, um sich von den Engländern abzusetzen, denen man viel Gutes nachsagen kann, nicht immer jedoch übergroße Ordnungsliebe.

Wenn es gegen ihre Inselgenossen herzuziehen geht, sind die Schotten immer dabei. Und nun wird es höchste Zeit, daß ich endlich einen Schottenwitz erzähle. Im Gegensatz zu unseren Ostfriesen haben die Schotten, die über viel schwarzen Humor verfügen, die Schottenwitze selbst in die Welt gesetzt. Kulturell und literarisch mögen sie zur niedrigsten Stufe der Folklore zählen, gehören ihr aber zweifellos an, entsprechen einer uralten Tradition und wenden sich ursprünglich wohl in einer Art von Protesthaltung gegen die Engländer. Immerhin bezeugen sie, daß der ominöse kleine Mann in Schottland erstaunlicherweise am liebsten über sich selbst lacht.

Wir haben eben ausführlich des Whiskys gedacht. Wußten Sie, daß kein Schotte beleidigt sein wird, wenn Sie ihn auch nur zu einem Fingerhut voll Whisky einladen? Er wird die Beleidigung schlucken.

Gefällt Ihnen nicht? Tut mir leid. Der Witz stammt vom Nationaldichter Burns, findet sich jedoch auch in zumindest einem der *Waverley*-Romane Sir Walter Scotts.

Hier ist ein anderer.

Englishman: In Schottland, pfui Teufel, essen alle Leute Hafer. In England füttern wir damit die Pferde.

Scotsman: Deshalb sind ja auch englische Pferde und schottische Männer die besten der Welt!

Sicher ebenfalls nicht gerade zwerchfellerschütternd, aber für einen Schotten mehr als ein Witz. Mögen Weizen und Roggen – neben Reis – die Lieblingsgetreidesorten der restlichen Erdkugel sein, der Schotte zieht seit undenklichen Zeiten Gerste und Hafer vor. Beide Getreidesorten gedeihen im Highland-Klima und auf kargem Boden weitaus besser als Weizen, Roggen und Mais. Was der urschottische Romanschriftsteller George MacDonald bereits im 19. Jahrhundert geschrieben hat, gilt, etwas abgemildert, noch heute: »Wenn Bier und Beefsteaks den Engländer machen, so Haferkuchen und Haferflocken den Schotten.«

Eine gesunde Kost, an die man sich anscheinend gewöhnen kann. Es wird, gleichfalls aus dem 19. Jahrhundert, berichtet, daß schottische Studenten, die an englischen Universitäten studierten, als sichtbarstes Möbelstück in ihren Buden einen Sack mit Hafermehl (*oatmeal*) stehen hatten. Sogar als Kompliment wird das von anderen Völkern verachtete Getreide genutzt. Der Moralphilosoph und Historiker Thomas Carlyle, einer der wenigen Germanophilen der britischen Geistesgeschichte, nannte seinen Kollegen Thomas Macaulay »einen aufrechten, festen Mann, wie aus Hafermehl gebacken.« Dabei war Macaulay Engländer.

Wissenschaftler, vorwiegend schottische, führen Nährwert und günstige Wirkung von Haferkost auf den hohen Phosphorgehalt zurück, der nicht nur die Knochen stärkt, sondern angeblich auch das Gehirn. So hat man die Gerste im Laufe der Zeit den Whisky-Herstellern überlassen. Hafermehl bildet dagegen immer noch, und zwar seit den Tagen der sagenhaften schottischen Köchin Meg Dods, die Grundlage der schottischen Küche. Wenn Sie sich fragen, was man als »etwas Besonderes« morgens, mittags und abends aus den Speisen herausschmeckt, so ist es allemal Hafermehl. Was nicht für die international-amerikanischen Abspeisestätten zutrifft, die den Namen Macdonald in jeglicher Schreibweise in Verruf gebracht haben.

In den kleineren Städten und auf dem Lande wird immer noch nach den Urrezepten der Meg Dods gekocht. Aus Hafer sind die Oatmeal-Kekse, die zu allem gereicht werden, mit Hafermehl macht man auch die Soßen sämig im *Land o' Oatcakes* (Robert Burns). Haferflocken bilden ferner den Grundstock jenes Porridge, der zeitweilig in den ärmeren Gebieten des Hochlands neben Grünkohl (*kail*) das so gut wie einzige Nahrungsmittel darstellte. Sollten Sie jemals so todesmutig sein und eine Winterreise in die Highlands unternehmen, versäumen Sie auf keinen Fall, auf den Shetlands einen *Kail and Knockit Corn* (Grünkohl mit Hafergrütze), einen *Lang Kail* mit Butter oder in der Grafschaft Fife einen *Kilmeny Kail* (Grünkohl mit Kaninchenfleisch) zu probieren. Was wie ein Armeleuteessen aussieht – und es auch gewesen sein dürfte –, stellt sich als Delikatesse heraus. Und keine Bange: Auch bei anderen *Kail*-Gerichten werden Sie genügend Hafer zur Knochen- und Hirnbildung zu sich nehmen.

Doch kehren wir zum Porridge zurück, einer weiteren schottischen Erfindung. Sie gehört als fester Bestandteil zum Frühstück nördlich des Tweed. Gewiß gibt es bei uns etwas Ähnliches, die vielverleumdeten Haferflocken und den Haferschleim, die aber keinem Vergleich zum schottischen Porridge standhalten. Gegessen werden sollte er mit nur einer Prise Salz, und zwar, weil er dann besser anschlägt, im Stehen. Die Engländer, die ihn im Sitzen und mit Zucker gesüßt verzehren, gelten in Schottland als dekadent und verweichlicht. Ich muß allerdings gestehen, noch nie einen Schotten gesehen zu haben, der seinen Porridge stehend oder – wie es Dr. Johnson schildert – im Gehen gegessen hätte. Dekadenz und Verweichlichung überschreiten in unseren modernen Zeiten alle Grenzen. Es werden einem in schottischen Hotels zuweilen sogar schon Cornflakes oder andere *cereals* (Frühstückskost aus Getreide) vorgesetzt. Bestehen Sie auf Ihrem Recht! Verlangen Sie jenen sanften, hafermehligen, durch und durch ländlichen, unvergleichlichen Porridge, der sich ebenso selbstbewußt wie zärtlich an die Magenwände schmiegt!

Im übrigen beschränkt sich die schottische Küche keineswegs auf Hafer und Gerste, und ich habe sogar den Verdacht, daß man auch früher in den Highlands keineswegs so spartanisch gelebt hat, wie es die Chronisten berichten. Wald und Feld müssen damals wie heute allerhand Genüsse geboten haben – warum wäre sonst die schottische Folklore so voller Wilderer- und Fischergeschichten?

Fische haben die Kelten merkwürdigerweise als ungeeignet für die menschliche Ernährung betrachtet. Aber so keltisch, daß sie auf Fischgerichte verzichteten, sind wohl die Schotten nie gewesen. Aus ihren Flüssen ziehen sie die besten Lachse (*salmon*), die jetzt sogar gezüchtet werden, weshalb sie ihren berühmten Geschmack und ihren einstigen Seltenheitswert verloren haben. Auf den Inseln sowie an den Lachsflüssen Spey, Dee, Tay, Tweed und Connon können Sie, wenn Sie Glück haben und hartnäckig darauf bestehen, noch Wildwasserlachse genießen. Was ebenso für Forellen gilt.

Auch die Meere um Schottland sind überaus fischreich, was einheimische Fischer dauernd in Konflikt mit den ausländischen Nationen bringt, vor allem mit Isländern, Deutschen, Franzosen, seit kurzem auch Spaniern. Kabeljau (*cod*), Schellfisch (*haddock*), Scholle (*plaice*) und Seehecht (*hake*) werden nicht wie in England größtenteils zu *fish & chips* verarbeitet. Nicht Fisch mit Pommes entspricht unserer Currywurst oder Bulette, sondern als rasches Zwischengericht der Haggis, auf den wir noch eingehen werden.

Ein Fisch in Highland-Sauce, einer erstaunlich raffinierten Kombination aus Rotwein, Essig, Anchovis, Meerrettich, Zwiebeln und Muskat, ist ein Gaumenerlebnis besonderer Art. Sogar den Hering versteht man originell zuzubereiten, an der Ostküste mit diversen, ebenfalls komplizierten Soßen, im Westen, dem *wastlin* (Westland), in Kipper-Form, das heißt getrocknet. »Rot« serviert, mit Bier wieder aufgefrischt und mit geschmolzener Butter begossen, wurde er schon von Meg Dod. Die jahrhundertelange Freundschaft zwischen Schottland und Frankreich, die *Auld Alliance*, hat zumindest in der Küche überlebt.

Sportangler können in der Lachssaison zwischen Juli und September in herrlicher unverdorbener Natur ihren Lachs auch selbst aus dem Spey oder Tay fischen. Sie sollten jedoch, wenn nicht reich, so doch einigermaßen wohlhabend sein. Ein kluger – oder sparsamer? – Engländer hat ausgerechnet, daß jeder in einem schottischen Fluß gefangene Lachs – Ausrüstung, hohe Lizenzgebühren und Aufenthalt eingerechnet – rund 3500 Pfund Sterling kostet, also umgerechnet über 5100 Euro.

Ähnliche Preise muß zahlen, wer Rotwild jagen möchte, von dem es nördlich der Highland-Linie, die etwa zwischen Dumbarton und Aberdeen verläuft, noch über 290 000 Tiere gibt. Heimbringen darf er dabei nur die Trophäe, das heißt das Geweih. Das Fleisch gehört dem Landbesitzer, auf dessen Gelände er den Hirsch geschossen hat. Den Lachs für zehn Tausenderscheine darf er dagegen, zuzüglich Eiskiste und Zollgebühren, mit nach Hause nehmen.

So fischreich das Meer, so wildreich das Land. Und so vielfältig die speziell schottischen Rezepte. Der *Glorious Twelfth*, der 12. August, wird Jahr für Jahr für die gesamte Nation, sogar die englische, zum Feiertag, der nicht nur Jäger und Gourmets in freudig-ungeduldige Erwartung versetzt. Am 12. August beginnt die Moorhuhnsaison in Schottland mit einem ungeheuren Schlachtfest. Bis hinunter zur Kanalküste stehen Köche an diesem und dem darauffolgenden Tag bereit, die Vögel zu rupfen, auszunehmen und zuzubereiten. Per Eilfracht transportiert, in Flugzeugen bis in die entlegensten Teile Großbritanniens gebracht, setzt ein Wettrennen ein, das nur halbwegs mit kulinarischer Küche zu tun hat. Es geht darum, wer am schnellsten, möglichst schon am Abend des glorreichen Zwölften, seinen Gästen Moorhühner vorsetzen kann. Worunter der Geschmack eben dieser Wildhühner mitunter leidet oder ins Hintertreffen gerät.

Wen es reizt, am großen Moorhühnerschießen in Schottland teilzunehmen, der sei vorgewarnt: Auch ein solches Abenteuer ist nicht billig. Die Jagdbeute wird nach *brace* (Paaren) berechnet. Ein *brace* kostet, wiederum nach unserem englischen Gewährsmann, um die 60 Pfund, rund 75 Euro.

Da dürfte es preiswerter sein, sich an die einfacheren Angebote zu halten, zum Beispiel an den schon erwähnten Haggis. Ich hätte ihn nie probiert, wenn mich nicht mein englischer Freund Peter Sedgley, der Lichtmaler, ausdrücklich auf seinen Wohlgeschmack hingewiesen hätte. »Iß Haggis«, sagte er, »auch wenn er aussieht wie ein kastrierter Dudelsack!«

Der Name stammt aus dem Französischen, *hachis*. Der Inhalt, gehackter Schafsmagen sowie andere Innereien, mit Hafermehl vermischt, pikant gewürzt und in einem Schafsmagen gekocht, stammt definitiv aus Schottland. Appetitlich sieht dieser *great chieftain o' the puddin race* (Großmeister aller Wurstarten), als den ihn der unermüdliche Burns in einer ellenlangen Ode gepriesen hat, nicht aus.

Die Engländer behaupten, die Schotten hätten den Haggis erfunden, als sie bemerkten, wie lukrativ sich gutes Rinder-, Schweine- und Hammelfleisch ins Ausland und nach England verkaufen ließ. So hätten sie alles Unverkäufliche kleingehackt und in den eigenen Kochtopf getan. Der schottische Witz selbst vergleicht Haggis mit einem Fußball (er hat auch Ähnlichkeit damit): Man wisse nicht, ob man ihn wegkicken oder essen solle. Habe man ihn gegessen, bedauere man, ihn nicht weggekickt zu haben.

Was ich nicht unterschreiben kann. Haggis, so unappetitlich er aussehen mag und zudem heutzutage statt in Schafsmägen in Plastikbeutelchen serviert wird, die sich nur mühsam öffnen lassen, wobei man sich zudem noch die Finger verbrüht: Haggis ist nichtsdestotrotz eine nicht zu leichte, nicht zu schwere, äußerst schmackhafte Speise, ähnlich der norddeutschen Grützwurst. Der Geschmack variiert ebenso wie bei unseren Würsten; man wird immer wieder überrascht, wie unterschiedlich das Gericht schmecken kann. Seit Peters Empfehlung vor zwei Jahrzehnten kaufen meine Frau und ich Haggis sogar von Zeit zu Zeit daheim in Dosen, aus Schottland-Nostalgie, aber auch weil Haggis uns schmeckt.

Ich würde trotzdem keinem raten, einem Schotten ausdrücklich zu versichern, wie gut ihm in Schottland der Haggis gefallen hat. Auch wir hätten es nicht gern, wenn uns jemand versicherte, das Beste in Deutschland seien die Currywürste.

Da schwärmen Sie ihm lieber etwas vom Cock-a-Leekie vor, jener Hühnersuppe mit Lauch, die ein weiteres traditionelles Nationalgericht Schottlands darstellt. Die alte Streitfrage ist, ob die dazugehörigen Backpflaumen mitgekocht oder auf einem separaten Teller serviert werden sollten. Meg Dod war für separate Pflaumen, damit »die Suppe dick vom Lauch bleibt«, wie sie in ihrem Rezeptbuch verrät. Talleyrand, berühmt als Diplomat und Feinschmecker, zog sie mitgekocht vor, was Meg Dod dazu veranlaßte, ein besonderes Rezept, Cock-a-Leekie à la Talleyrand, ihrem Kochbuch einzuverleiben.

Von der Scotch Broth (Brühe mit Erbsen und Gerstenkorn) bis zu den Scots Eggs (harte Eier in Wurstteig), vom Haggis zum Cock-a-Leekie, von der Wilderersuppe (*Poacher's Soup*) aus Wildfleisch zum pochierten Lachs – Schottland muß auch Feinschmeckern gefallen.

Diese Tatsache erstaunte schon Samuel Johnson, der in ein frugales Land zu reisen meinte und der, was er ebenfalls verabscheute, in eines von Schlemmern geriet. Er verkehrte freilich in den besten Kreisen, mißbilligte aber auch den Überfluß, mit dem die Bauern und Fischer ihre Frühstücks- und Mittagstische »verpesteten« (*polluted* – eine Vokabel, die heute fast nur noch im Zusammenhang mit der Luftverschmutzung gebraucht wird).»Ich habe vergessen, mich zu erkundigen, woher sie alle diese exotischen Luxusgüter beziehen«, schrieb er, fügte jedoch gleich selbst eine Antwort auf seine ungestellte Frage hinzu: »Wahrscheinlich bringen ihnen die Franzosen Wein, den sie gegen Wolle einhandeln, die Holländer tauschen Tee und Kaffee gegen Frischverpflegung während der Fischereisaison. Ihr Handel geht zwanglos vor sich, denn sie zahlen keine Zölle, weil kein Zollbeamter da ist, sie einzufordern.«

So einfach haben es die Schotten heute auch auf den Hebriden nicht mehr. Aber die Genüsse, die Meer, Flüsse, Acker und Import bieten, genießt man immer noch im Land, das zum Tee Haferkuchen reicht, für den es nicht weniger als fünfzig verschiedene Rezepte gibt.

Schottland – ein armes Land? Gewiß, aber eines, das sich einzurichten versteht. Schon 1552 fand ein französischer Reisender, Estienne Perlin, dort sei »nichts knapp, außer dem Geld«.

So geht es am Ende den meisten von uns auch heute noch.

PS: Sollten Sie sich wundern, daß Ihnen in Schottland ausgerechnet die Steckrüben so besonders gut schmecken – nach ländlichem Rezept wird ihnen beim Stampfen ein Gläschen Malt Whisky (oder zwei) beigegeben.

Highlands, Lowlands

Daß Engländer und Schotten einander nicht grün sind, obwohl sie dieselbe Insel bewohnen, wird inzwischen ein jeder bemerkt haben. Die Schotten werden nicht müde, den Sassenachs alles vorzuwerfen, was ihnen Schlimmes widerfährt. Die Engländer sind schuld, wenn das Nordseeöl nicht genug Geld für das Land abwirft, in dem es gewonnen wird, wenn ein winziges Städtchen keine Umgehungsstraße erhält oder der Hafer nicht so recht wachsen will, weil es entweder zuviel oder zuwenig regnet (meistens zuviel). Und die Engländer, weitaus in der Mehrzahl, denn in ganz Schottland leben nur an die fünf Millionen Menschen, werden ihrerseits nicht müde, die Schotten als ein Volk von Hinterwäldlern und Dorftrotteln in karierten Röcken darzustellen.

Wobei Ausnahmen die Regel bestätigen. Es gibt Engländer, die – wie einst ihre Königin Viktoria – geradezu verrückt nach Schottland sind, und Schotten, vor allem in den Lowlands, die nach England tendieren und ihrerseits die Highlander als ungeschliffen und reichlich barbarisch ansehen oder sogar verachten. Auch die Königin beider Länder begibt sich ja jedes Jahr in das von ihrer Ahnin Viktoria heißgeliebte Schloß Balmoral oder in den Holyrood Palast nach Edinburgh, um hofzuhalten – sie würde, strenggenommen, ihre schottische Königswürde verlieren, wenn sie es nicht täte; jeder Monarch muß sich zumindest ein Vierteljahr jenseits des Tweed auf schottischem Boden aufhalten. So will es die *Treaty of Union* von 1707.

Nicht alle Argumente der Schotten gegen ihre südlichen Nachbarn sind aus der Luft gegriffen. Sie haben, gewiß, eine eigene Kirche, eine eigene Verwaltung mit eigenen Gesetzen, eigener Rechtsprechung, einen Schottland-Minister im Londoner Kabinett, eigene Zuckerstückverpackungen, auf denen statt eines Union Jack eine Distel prangt, Wappensymbol des Landes, und drei eigene Banken, die darüber hinaus schottisches Geld herausgeben. Die Bank of Scotland, die Royal Bank of Scotland und die Clydesdale Bank prägten früher sogar eigene schottische Geldstücke, die man südlich des Tweed nicht wieder los wurde. Heutzutage sind es nur noch Scheine mit den Abbildungen schottischer Burgen und schottischer Berühmtheiten, wie David Livingstone oder Maria Stuart, die man bekommt und die man möglichst ausgeben sollte, ehe man zurückfährt nach England. Zwar werden sie von englischen Banken meist verlegen lächelnd eingetauscht, aber nicht überall und nicht immer gerne. Der Grund: Jede Bank muß Einpfundscheine, die es in England gar nicht mehr gibt, so lange sammeln, bis sie tausend von ihnen zusammen hat. Erst dann wird das Paket in Edinburgh wieder eingetauscht. Umgekehrt haben englisches Geld wie auch englische Briefmarken im Norden unbeschränkte Gültigkeit.

Eine gewisse Eigenständigkeit haben sich die Schotten doch zu erobern gewußt. Sie haben endlich einen der fast schon historischen Wünsche durchgesetzt: das eigene

Parlament, denn London ist und war immer weit weg. In London fühlten sich die Schotten im Unter- wie im Oberhaus stets unterrepräsentiert. Das hat sich nun also zum Besseren verändert. Die Forderung etwa des Labour-Linken Tony Benn nach gerechter Repräsentation von Schottland wie auch Wales scheint daher plausibel.

Schottland wählt demgemäß meist »links«, nämlich Labour. Und fast immer stand an zweiter Stelle nicht die konservative Partei, sondern die SNP, die Scottish National Party. Nur 1951, als Sir Winston Churchill wieder Premierminister wurde, errangen die Konservativen 36 von 71 schottischen Unterhaussitzen, ihr bestes Ergebnis je. Selbst in den Thatcher-Jahren hat Schottland dafür gesorgt, daß genügend Labour-Politiker am Ball bleiben konnten. Haben doch Schotten bis heute nicht begriffen, warum man 1953 die neue Königin Elisabeth II. nannte, obwohl nur England, nicht jedoch Schottland eine Elisabeth I. besessen hat.

Dabei sind andererseits die Schotten mit der Labour-Politik nicht immer gut gefahren. Die Nationalisierung von Kohle und Eisenbahn hat dem Land wichtige wirtschaftliche Entscheidungspositionen geraubt, wie auch die eigene Luftfahrtgesellschaft, die British Caledonian, längst von den British Airways geschluckt worden ist. Schottland besitzt, wie es der Journalist George Rosie ausgedrückt hat, heute – nicht zuletzt durch Labour-Einfluß – *branch factory status*, nämlich Zweigstellencharakter englischer (oder amerikanischer) Firmen.

Seit über 280 Jahren gehört Schottland zum britischen Königreich, zu Großbritannien. Aber erst nach beinahe drei Jahrhunderten konnte es die ständige Forderung nach *home rule*, nach Selbstverwaltung, durchsetzen. Das hat lange gedauert, zu lange, um das Verhältnis zu Nachbarn und Mitbürgern auf einen Schlag verbessern zu können. Wer im Bus oder eigenen Wagen auf der M 6 bei Gretna Green die Grenze überquert, kommt, wenn er es auch nicht auf den ersten Blick sieht, in ein anderes Land.

Gretna Green kann beim ersten Besuch ganz lustig sein – ein touristischer Rummel mit unzähligen Andenkengeschäften sowie einem relativ guten Angebot an Büchern und Tonbändern zu schottischen Themen. Bei einem angeblichen Schmied im Tartan-Kilt kann man am Originalamboß, an dem früher, noch bis in die dreißiger Jahre unseres Jahrhunderts, entlaufene Liebespaare getraut wurden, noch einmal heiraten, freilich nur, wenn man schon verheiratet ist und nur die eigene Ehefrau oder den eigenen Ehemann. Zeugen finden sich genug, ein Fotograf ist immer vorhanden, ebenso ein melancholischer Dudelsackspieler draußen am Eingang – man läßt Geldschneiderei und Pseudofolklore eingedenk dessen, was Gretna Green früher für Romeos und Julias bedeutet haben mag, gutgelaunt über sich ergehen.

Ich rate Ihnen jedoch ab, auf dem Rückweg dort noch einmal haltzumachen oder einen zweiten Besuch einzuplanen. Man verdirbt sich den Schottlandeindruck durch allzuviel Hyposchottisches – wie den Magen an zuviel Haggis oder Pickled Salmon. Fast eindrucksvoller ist das Dörfchen Lockerbie in der Nähe, nur zehn Meilen (rund 15 Kilometer) entfernt. Vom schrecklichen Flugzeugabsturz bemerkt man heute kaum mehr etwas, alle beschädigten Häuser sind repariert, aber eine einfache Mauer zum Gedenken an die Opfer bezeichnet die Haupteinschlagstelle, ein Mahnmal wider den Terrorismus, den die national eingestellten Schotten – im Gegensatz zur IRA Irlands – betont nicht pflegen.

Eine nahezu unsichtbare, doch deutlich vorhandene Grenze existiert nicht nur zwischen Schottland und England, sondern auch zwischen Schottland und Schottland. Vom Unterschied zwischen Lowlands und Highlands, der eine große Rolle spielt, wurde bereits in den ersten Kapiteln gesprochen, und wir haben die Grenze als zwischen Dumbarton und Aberdeen gelegen umrissen. Exakt gesagt: Sie zieht sich oberhalb Dumbartons über Stonehaven und die westlichen Ebenen von Aberdeenshire zum Moray Firth, einem Nordseearm, hin. Ursprünglich handelte es sich um eine Sprachgrenze, die parallel zu den Hügelketten verlief. Nördlich davon sprach man Gälisch, südlich Schottisch, ähnlich dem Norddialekt des Englischen.

Im witzigsten und zugleich informativsten Buch, das je ein Schotte über *The Scots* geschrieben hat, behauptet Clifford Hanley sogar, es gebe überhaupt keine Schotten; es gebe nur Highlanders und Lowlanders. Da beiden nur die unmittelbare Nachbarschaft gemeinsam ist, hat Hanley in gewissem Sinn recht. Der Hochländer, keltischer Herkunft, entstammt einer anderen Rasse als der Lowlander, der weitgehend germanischer Herkunft sein soll. Allerdings: »Keine der beiden Rassen ist rein. Es gibt nirgendwo reine Rassen.«

So ist denn auch bei den an den äußersten Rand Europas gedrängten Kelten das Gälische langsam ausgestorben. Man strebt zwar, wie auch in Wales, Irland, auf der Isle of Man, in Cornwall und der Bretagne, eine Renaissance der alten Sprache an. In Ullapool, dem romantischen Fischerdorf an der Westküste, Hauptfährhafen zur Hebrideninsel Lewis, tragen die Straßenschilder Bezeichnungen in Gälisch unter denen in Englisch. Das mag im allernördlichsten Fischerhafen der Hauptinsel und fremdenverkehrsmäßig durchaus angebracht sein, wird aber nichts daran ändern, daß Englisch auch in den Highlands das Gälische endgültig verdrängt hat.

Das heißt: wenn man den dortigen schottischen Dialekt als eine Form des Englischen verstehen will. Selbst Engländer haben da ihre Schwierigkeiten. Die Aussprache ist anders. Schon das bloße *no* für Nein klingt verschieden. Es trägt kein nachgezogenes »u« wie beim Engländer (»nouh«), sondern wird kurz und knapp gesprochen, ganz als würde es ein Deutscher aussprechen, der sich dem Sprachklang noch nicht vollends angeglichen hat. Eine Vielzahl von Vokabeln scheint dem Gälischen, bisweilen auch anderen Sprachen entnommen. Manche Konsonanten werden grundsätzlich verschluckt, andere nur in gewissen Gegenden oder bestimmten grammatischen Zusammenhängen. Auch wer sich mühsam durch die Gedichte Robert Burns' durchbuchstabiert, lernt noch kein Schottisch, sondern Ayrshire-Dialekt. Und ein Mann aus Ayrshire versteht seinerseits noch nicht ohne weiteres jemanden aus Aberdeenshire, der »Dorisch« (*The Doric*) spricht – in ganz anderem Tonfall und sogar anderen Wortgebilden.

Merkwürdigerweise versteht man als Fremder, auch Engländer, die Highlander weitaus besser als die Lowlander. Sie – die aus dem Hochland – »singen« zwar im Sprechen, gleiten im unnachahmlichen Glissando hoch hinauf und tief hinunter, was deutschsprachige Besucher unwillkürlich an den ähnlichen Singsang im Schwyzerdütsch erinnert – vielleicht formen gebirgige Landschaften ihre eigene Sprach- und Lautmalerei. Aber da die Highlander das Englisch der Lowlander erst relativ spät übernommen haben, sprechen sie es deutlicher und für uns verständlicher aus.

In den Lowlands haben sich dagegen eigene Dialekte und Unterdialekte im Verlauf von Jahrhunderten ungehindert ausbreiten können. Es soll über siebzig geben. Verzweifeln Sie nicht, wenn Sie selbst bei besten Englischkenntnissen einen Schotten, zumindest in den Lowlands, ganz einfach nicht verstehen. Es wird den meisten Engländern genauso ergehen, wenn sie nicht aus den angrenzenden nördlichen *counties* stammen.

Wie unterschiedlich Schottisch von Englisch sein muß, habe ich auf ungewöhnliche Weise in Strathpeffer, dem idyllischen Hochlandbad aus viktorianischen Tagen, erfahren. Eine taubstumme Dame aus London beklagte sich bitter, daß es ihr unmöglich sei, von schottischen Lippen englische Sätze abzulesen. Sie kam sich wie ausgesetzt in fremden Landen vor.

Einfluß auf die Lowland-Dialekte haben auch fremde Einwanderer genommen. In Edinburgh gibt es einen ganzen italienischen Stadtteil, Portobello; in ihm ist Eduardo Paolozzi, Sohn eines Eisverkäufers, geboren. In den Bergwerksgebieten um Glasgow und Edinburgh haben sich auch Polen niedergelassen, deutsche Emigranten, Belgier und Holländer, in Glasgow vorwiegend Iren. Farbige Einwanderer sieht man dagegen viel seltener als in England. Aber das Sprachgemisch im Süden Schottlands hat auch durch kontinentale Einflüsse an Vielfalt gewonnen, an Allgemeinverständlichkeit nicht.

Ein weiterer Unterschied zwischen den beiden Teilen Schottlands: In den Lowlands denkt und lebt man – zum Beispiel in Städten – auf die in Europa übliche Weise. Es gibt allerdings nur vier Städte nördlich des Tweed, die man als solche bezeichnen kann: Edinburgh, Glasgow, Aberdeen, Perth. Aber selbst wenn wir noch Dundee und Inverness hinzurechnen, liegt keine davon in den Highlands, nicht einmal Inverness, wo die Highlands beginnen.

Mag das Clan-System so tot sein, wie es gesagt wird: Unterschwellig – aber auch höchst vordergründig bei den in Schottland häufigen öffentlichen Raufereien – gibt es sie doch noch, die alten Beziehungslinien, Familienkontakte, Zusammengehörigkeitsgefühle, wie immer man es ausdrücken mag. Nicht in Städte oder Landschaften teilt sich das Hochland, sondern nach imaginären, aber festen Grenzziehungen, die dem alten Clan-System nahezu entsprechen. Die Highlands sind soziologisch grundlegend anders strukturiert als der schottische Süden, was ihre Abneigung allem Fremden gegenüber, oft auch Feindseligkeit verursacht. Noch bis in die fünfziger Jahre, als es in Großbritannien eine allgemeine Wehrpflicht gab, war es nicht einfach, schottische Regimenter zusammenzustellen. Sie durften weder High- noch Lowlander mixen, noch Angehörige einander nicht wohlwollender Clans – sonst setzte es *trouble*.

Wie immer wir anreisen – ob wir mit dem Flugzeug in Glasgow, Edinburgh oder Aberdeen landen, mit dem Wagen oder per Bus aus England kommen –, stets betreten wir Schottland in den Lowlands, seinem urbanen

Teil. Dort stoßen wir auf unzählige Dialekte. Selbst die vielen Dichter, die in ihnen geschrieben haben, mußten sich mit einer Kunstsprache, einer Mischung aus vielen Zungen behelfen, dem *Lallans*. Im übrigen darf man sich die Lowlands nicht ganz flach und die Highlands nicht unbedingt steil ansteigend vorstellen. Das Hochland bietet auch weite, flache Hochebenen und lauschige Täler, so wie es steile Berge oder Hügel, *munros*, im Süden gibt: etwa die Grampian Mountains, die als Bergkette – manche Erhebungen erreichen über 1000 Meter – das Land von West nach Ost durchziehen. Die Berge werden nicht unbedingt höher, wenn man nach Norden vorstößt. Der höchste Berg Großbritanniens, der Ben Nevis, liegt mit seinen 1343 Metern noch in den nördlichen Lowlands, bei Fort William.

Gewaltiger werden die Berge aber wohl, je weiter Sie nach Norden dringen, einsamer, wilder zudem, das Klima aber nicht unbedingt kälter. Die Temperaturen steigen in Schottland nicht, wie man es üblicherweise kennt, von Norden nach Süden an, sondern von Ost nach West. Sie können (fast) immer damit rechnen, daß es im Westen wärmer, im Osten kälter ist, gleich, ob man sich im Süden oder im Norden befindet. In Glasgow ist es wärmer als in Edinburgh oder Aberdeen, was auch für die nordwestlichen Inseln Lewis und Uist im Vergleich zu den Orkneys im Nordosten gilt. Der Grund liegt darin, daß die Nordsee um einige Grade kälter ist als die See im Westen, wo noch Ausläufer des Golfstroms Inseln und Festland erreichen.

Womit wir beim Wetter sind, einem leidigen Thema. Schottland besitzt hierin einen schlechten Ruf (»kalt und regnerisch«), allerdings nicht ganz zu Recht. Statistisch gesehen sind die Monate zwischen Februar und Juni die regenärmsten. In ihnen fällt nur halb soviel Wasser vom Himmel wie in den Monaten September bis Januar. Als Faustregel kann gelten: Die Winter sind mild, die Sommer kühl. Gewöhnlich trifft man in Schottland, egal zu welcher Jahreszeit, viele Wetter an einem Tag an, manchmal alle, die es von Sonnenhitze bis zu Eisregen überhaupt gibt.

Das macht – nicht nur für den Wind-und-Wolken-Connaisseur – sogar den Reiz der Landschaft aus. Was eben noch wie ein liebliches Tal, pardon: *glen*, wirkte, sieht im nächsten Augenblick aus wie ein Bühnenbild zu *Macbeth*, obwohl Gewitter, selbst im Hochland, selten sind. So richtig klare Sicht aber bietet sich erst nach einem kräftigen Guß, weshalb man sich, besonders in den Highlands, nicht unbedingt eitel Sonnenschein wünschen sollte, da bleiben die Berge oft bedeckt. Schottland scheint vor allem für Autoreisende ein ideales Land zu sein, weniger der Straßen als des Wetters wegen.

Ein anderes Phänomen verdirbt aber auch ihnen häufig die Freude an der Fahrt, der tückische *haar*. Er kommt hauptsächlich von April bis September vor, ein Seenebel, der sich insbesondere an klaren, sonnenhellen Tagen bildet und sie total ruiniert. Er hat ferner die unangenehme Eigenschaft, im Laufe des Tages immer weiter die Täler hochzukriechen, so daß er durch die Central Lowlands sogar bis Glasgow, durch den Great Glen, eine der tiefsten Erdspalten Europas, bis Fort William vorstoßen kann. Gegen einen *haar* sind Fischer, Farmer, Touristen und oft sogar städtische Straßenbeleuchtungen machtlos. Bleiben Sie, wo Sie gerade sind, und gehen

Sie in den Pub, nachdem Sie vorher das Kapitel über das Wasser des Lebens gelesen haben!

Zur Planung des Urlaubs: Der sonnigste Monat in Schottland ist, glaubt man der Statistik, der Mai, dem der Juni nur wenig nachsteht. Die sonnenärmsten Monate sind ausgerechnet diejenigen, die wir als eigentliche Ferienmonate betrachten, nämlich Juli und August.

Ich rate zum Juni, aus Erfahrung und weil die Tage länger sind. Die Abenddämmerungen, die sich in Schottland endlos hinziehen, können unvergeßlich sein. Am längsten Tag des Jahres wird es im Norden Schottlands nie ganz dunkel – in Lerwick auf Shetland kann, wer Lust hat, nachts um elf Uhr noch Golf spielen.

Die Winter sind, wie gesagt, milde. Daß in den Highlands der Schnee meterhoch fällt, ist eine Sage. Als Problem erweist sich allerdings der stürmische Wind in den meisten Gegenden. Er fegt die Berge an ungeschützten Stellen blank und häuft den Schnee dafür in Tälern und an windgeschützten Stellen auf – keine guten Voraussetzungen für Ski- und Wintersport. Es gibt allerdings Wintersportorte die Fülle, selbst ganz in der Nähe von Edinburgh in den Pentland Hills, wo man im Sommer zudem Trockenski laufen kann.

Wind, das muß noch hinzugefügt werden, fächelt einem in Schottland ständig um die Nase, wenn er nicht sogar gesonnen scheint, sie abzureißen. Sollte er bei heißestem Sonnenschein einmal nicht oder nur wenig wehen – aufpassen! Man verbrennt nirgends schneller als zwischen Lochs und Munros.

Alles, was ich Ihnen vom Wetter erzählt habe, ist von den Weather Centres in Glasgow und Aberdeen meteorologisch untermauert. Es kann trotzdem ganz anders sein, und gewöhnlich ist es das. Der Ort mit dem statistisch höchsten Anteil an Sonnenschein in ganz Schottland ist Dunbar an der Ostküste, wo die schönen rötlichen Kartoffeln herkommen. Ich habe in Dunbar die verregnetsten acht Tage verbracht, die ich jemals in Schottland erlebt habe.

Mögen südliche Strände krisenfesten Sonnenschein garantieren. Schottland ist und bleibt ein Abenteuer und das Wetter unvorhersehbar. Da gibt es keinen Unterschied zwischen High- und Lowlands.

Edinburgh versus Glasgow

Das Beste an Glasgow sei der Zug nach Edinburgh, behauptet man in Edinburgh.

Das Beste an Edinburgh sei der Zug nach Glasgow, sagt man in Glasgow.

Schon wieder zwei Schotten, die sich nicht mögen.

Dabei fahren Züge genug zwischen ihnen hin und her, mindestens einer die Stunde, Busse halb- bis viertelstündig. Schottlands Hauptstädte liegen nahe beieinander und sind demgemäß eng verflochten, nicht zuletzt durch ihre traditionelle Rivalität.

Den Leuten aus Glasgow (sie nennen sich *Glaswegians*) ist Edinburgh eine Angeberstadt: *west endy, east windy – all fur coat and nae drawers* (westendig, ostwindig – ganz und gar Pelzmantel, aber nichts drunter).

Den Leuten von Edinburgh (was man vornehm näselnd aussprechen muß wie Edd'nborrouh) gilt Glasgow als Heimstatt der Witz- und Raufbolde, aus der das britische Variete und das britische Fernsehen ihre Komiker, die Zeitungen ihre Schlagzeilen über Vandalismus und Drogenhandel beziehen.

Tatsächlich stellen sich beide Städte denkbar unterschiedlich dar; man kann sich keine größeren Gegensätze vorstellen. George Rosie hat Edinburgh »eine staatenlose Hauptstadt« genannt. Dies weil die City für viele nach wie vor einen schwarzen Fleck besitzt, an dessen Stelle eigentlich ein völlig autarkes Parlament sein sollte. Man fühlt sich immer noch ein bißchen wie eine Pseudometropolis eines Beinahelandes. Aber was von den Engländern einige Jahrhunderte hindurch als Provinz eingestuft wurde, und von den Schotten – mit Ausnahme der Glaswegians – als Hauptstadt eines unabhängigen Staates, ist heutzutage tatsächlich eine Hauptstadt mitsamt einem Parlament. Man könnte sich auf die Schulter klopfen, auch wenn es dem Erzrivalen Glasgow nicht ganz so paßt, wie es gekommen ist.

Glasgow, die »postindustrielle Stadt«, wie der Journalist Julian Exner sie einmal genannt hat, übertreibt ebenfalls, allerdings zur anderen, zur proletarischen Seite hin. Sie gibt sich laut, burschikos, hemdsärmelig und versoffen. Man hat mitunter das Gefühl, mit diesem betonten Gehabe wolle sie sich ganz bewußt von den feinen Pinkeln an der Ostküste absetzen.

Beide Städte haben etwas verloren, was sie bitter vermissen, weil es zu ihrer ursprünglichen Identität gehört: Edinburgh die Schottenrebellion, Glasgow die Schwerindustrie. Da der Verlust mit einer empfindlichen Erwerbseinbuße verbunden war, mußte jede Stadt auf ihre Weise versuchen, neue Verdienstmöglichkeiten zu finden. Was ihnen, wie es scheint, ganz gut gelungen ist, wenn auch auf wiederum grundverschiedene Art.

Edinburgh hat sich auf sein Image besonnen und es ausgebaut. Glasgow hat das seine im Verlauf eines Jahrzehnts verändert.

Dabei mußte sich Edinburgh nicht weiter anstrengen, gehört es doch zu den schönsten Städten Europas. Der städtebauliche Kern erwies sich als geradezu ideal. Kommerz und Banken, Verwaltung und Kirche waren hier überdies seit jeher ansässig: Wenn es in Schottland jemals ein Zentrum gegeben hat, dann lag es in Edinburgh, und zwar dort, wo man vor der High Kirk St. Giles auf der Royal Mile ein Herz eingepflastert hat, das Herz der Lothian Region, wie sich Edinburghs Verwaltungsbezirk nennt. Es wird jedoch allgemein als Herz Schottlands aufgefaßt.

Zusätzlich geschaffen wurde, was einheimische Journalisten *The Heritage Industry* genannt haben, eine gewinnträchtige Abart totaler Nostalgie, die komplette Vermarktung des historischen Erbes der Stadt. Den bekannten Sehenswürdigkeiten wie Burg, Holyrood House, Royal Mile und Princes Street stellte man neue Attraktionen an die Seite: eine Art Superfolklore mit Andenkenläden, Multimedia-Shows (so die »Edinburgh Story« in der aufgelassenen Tollbooth-Kirche), mit Whisky-, Haggis-, Heritage- und sonstigen Zentren, indes man die allergrößte und allerschottischste Show, das Edinburgh Military Tattoo auf der Esplanade vor der Burg, mit Tartan, Dudelsack und Feuerwerk immer prächtiger gestaltete, was denn auch zahlungskräftige Touristen aus aller Welt in steigender Zahl anlockt.

Wenn einer gar nichts mehr besitzt, eines bleibt ihm doch: seine Vergangenheit. Aus ihr zieht Edinburgh, nicht ungeschickt, klingende Münze, wobei sich Chi Chi und echte Tradition, Bluff und Folklore unauflösbar miteinander vermischen – moderne Zeiten!

Den Glaswegians mit ihrem Proletkult fiel es nicht ganz so leicht, ein Disneyland in Kilts zu erstellen. Sie mußten, wie gesagt, einen völligen Imagewechsel vollziehen. Die gigantische und in Details geniale Werbekampagne begann 1983, und ihr raffinierter, auf Edinburghs Royal Mile anspielender Slogan wurde über Nacht sprichwörtlich: *Glasgow's miles better* – Glasgow ist Meilen besser –, was man aber auch als *Glasgow smiles better* lesen kann – Glasgow lächelt besser.

Lächeln tut es tatsächlich. Bewundernswert, wie man seitdem die Stadt aufpoliert hat. Die Fabrikviertel wurden einer unvergleichlichen Putzorgie unterworfen, die immer noch anhält und einen in Glasgow auf Schritt und Tritt in Atem hält. Fast alle gründerzeitlichen Prachtfassaden – fast 3000 Gebäude stehen unter Denkmalschutz – hat man gereinigt, so daß sie jetzt wieder in ihrer roten Sandsteinfarbe blinken. Die Slums konnten so gut wie beseitigt werden, rund sechs Millionen Pfund steckte man in die Aufgabe, eine neue Infrastruktur zu schaffen, das Zauberwort der Neuzeit. Das heißt: Man hat neue Siedlungen gebaut und alte Gebäude nostalgisch restauriert, womit neue Unternehmen in die stillgelegten Werften und Maschinenfabriken gelockt werden sollten und gelockt werden konnten. Da die Löhne am Clyde-Fluß niedriger sind als an der Themse, haben viele Londoner Unternehmen inzwischen Niederlassungen und Zweigstellen in Glasgow eingerichtet; Computerhersteller, Textil- und Dienstleistungsbetriebe, sogar Firmen der Haute-Couture haben sich angesiedelt. Glasgow hat sich zu einer Stadt gemausert, in die von privater Seite mehr Geld investiert wird als in jede andere auf den Britischen Inseln. Vom hundertjährigen Industrieschmutz befreit, erstrahlt sie unverhofft in neuem Glanz. Die Einwohner sprechen schon, wenn auch meist mit verschämtem Lächeln, doch sichtlich stolz, von ihrer *Culture City*.

Der größte Erfolg der Aktion aber war, daß die Stadt

für das Jahr 1990 zur europäischen Kulturhauptstadt erklärt wurde. Damals war das Erstaunen groß.

»Daran hätte kaum jemand gedacht, ehe die einst reiche, aber dann arg heruntergekommene Industrie- und Handelsstadt den Kultusminister in London bewog, ihre Kandidatur seinen europäischen Kollegen vorzuschlagen, als eine britische Stadt an der Reihe war«, so Julian Exner alias Peter Fischer. Er fügt hinzu: »Aber einem Minister der kulturknauserigen Regierung Thatcher schien das wohl auch ein willkommener Ausweg aus der Verlegenheit, da Glasgow bereit und begierig war, das nötige Geld aufzubringen.«

Die Londoner Staatskasse hat sich tatsächlich nur mit einer halben Million Pfund Sterling daran beteiligt. Den Rest, runde 50 Millionen (umgerechnet 75 Millionen Euro), brachte Glasgow selbst auf.

Die Stadtväter waren gut beraten. Es kamen neun Millionen Gäste, vier Millionen von Übersee, die umgerechnet 125 Millionen Euro ausgaben; was aber noch wichtiger ist: Die einst so schmutzige Industriestadt am Clyde wurde damit in die Liste jener Orte aufgenommen, die man gesehen haben muß. Der Fremdenverkehr ist seitdem ein neuer Industrie- und Erwerbszweig der gebeutelten Stadt geworden.

Aus dem blanken Boden stampfen läßt sich so etwas nicht. Glasgow besaß und besitzt noch aus den Tagen, da Handel und Schiffbau florierten, einen soliden kulturellen Grundstock, eine Vielfalt von Museen und Sammlungen sowie die berühmte, von Charles Rennie Makkintosh entworfene Glasgow School of Art.

Kunstfreunde sind in den letzten Jahrzehnten ohnehin meist seinetwegen nach Glasgow gepilgert. Zu Lebzeiten hat man ihn verlacht, wie alle Leute, die ihrer Epoche voraus sind. Heute wird er, fast ein Schutzheiliger der Kulturstadt, viel bewundert, selbst von seinen Landsleuten. Erst nach Kriegsende so richtig wiederentdeckt, gilt er als Vorläufer des Jugendstils. Er hat aber auch schon Ideen des Bauhauses vorweggenommen, ein Pionier der Moderne – in seinen Häusern, mehr noch in seinen Inneneinrichtungen möchte man immer noch wohnen. Ein strenges, aber nicht schmuckloses, klares, aber nicht ungemütliches Design liegt seinen Möbelentwürfen zugrunde. Fast alles, was von ihm erhalten blieb, befindet sich in Glasgow. Man kann nur dort in Mackintosh nach Herzenslust schwelgen.

Verehrer des Architekten und Designers wissen, wo sie hingehen müssen: in seine Teestube The Willow Room von 1905, in Glasgows mondänster Straße, der Sauchiehall (sprich: Sockihorl) Street, wo man automatisch zu einem Teil des aparten Interieurs wird, sobald man dort eintritt; dann zur äußerlich so wuchtig-trutzigen, innen so zartgliedrigen School of Art sowie in die Hunterian Gallery, in die man das gesamte Haus des Künstlers nebst Inneneinrichtung integriert hat. Eine Nachbildung des »Hauses für einen Kunstliebhaber«, das er einst für einen deutschen Wettbewerb entwarf, erreicht man dagegen am besten mit der U-Bahn, die im Ringverkehr die Stadt umkreist. Es gibt einen Mackintosh-Trail, den man verfolgen, Touren zu seinen sämtlichen Werken, die man buchen kann. Mackintosh ist in Glasgow allgegenwärtig, denn er wird eifrig kopiert, nicht immer mit Erfolg, wenn man die neugeschaffenen Einkaufszentren betrachtet.

Weniger bekannt und so etwas wie ein Geheimtip geblieben ist allerdings sein einziger ausgeführter Sakralbau, der innen sorgfältig restauriert worden ist: die Queen's Church an der Kreuzung von Garscube Road und Maryhill Road. Auch wenn eine von Fontane überlieferte touristische Weisheit empfiehlt: »Berge von unten, Kirchen von außen, Kneipen von innen« – in diese Kirche möchte ich zumindest Kunst- und Architekturfreunde doch schicken; sie werden es mir danken. In den letzten Jahren des 19. Jahrhunderts erbaut, nimmt sie das ganze 20. Jahrhundert vorweg, eine Urzelle modernen Kirchenbaus. Die ausgewogene Innenarchitektur vermittelt ein völlig anderes Raumgefühl als gotische, barocke oder neoklassizistische Gotteshäuser; sie legt sich wie ein Mantel um Gläubige und Ungläubige. Das Schmuckstück ist übrigens zugleich Sitz der Mackintosh-Gesellschaft, die auffallend viele deutsche Mitglieder hat. Legen Sie Ihren Glasgow-Aufenthalt gegebenenfalls auf einen Dienstag, Donnerstag oder Freitag, da ist das Gotteshaus von 12 bis 19.30 Uhr, oder auf einen Sonntag, da ist es von 14.30 bis 17 Uhr geöffnet.

Kultur heißt das beiden großen schottischen Städten gemeinsame Stich- und Zauberwort. Sie sind gut damit gefahren, haben in dieser Hinsicht einiges zu bieten. Schon seit 1947 veranstaltet Edinburgh alljährlich sein Kulturfestival, inzwischen das größte und vielfältigste der Welt. Ursprünglich wollte man, kurz nach dem Krieg, für Salzburg in die Bresche springen – unvergessen ist die Wiedervereinigung des Orchesters der Wiener Staatsoper mit seinem großen Dirigenten Bruno Walter, die in Edinburgh stattfand; aber auch die drei Wochen ununterbrochenen Sonnenscheins, die dem ersten Festival zugute kamen. Drei Wochen Sonnenschein sind ungewöhnlich in Edinburgh und bleiben im Gedächtnis der Menschen haften. Trotzdem beruht der weltweite Erfolg des Edinburgher Festivals darauf, daß man konsequent die alternative Kulturszene mit ihren volksfestartigen Freiluftveranstaltungen mit einbezog. Von Kanada bis Australien reißen sich junge Ensembles um eine Teilnahme. Die Ankündigung später im Heimatland: *Straight from the Edinburgh Festival Fringe* (direkt vom Alternativfestival in Edinburgh) gilt inzwischen als Gütezeichen erster Klasse.

So ist das Fringe Festival längst in den Mittelpunkt der Aufmerksamkeit gerückt, eine Heerschau der Welt-Kunstavantgarde auf allen Gebieten. Alljährlich geben allein an die 500 junge Theater- oder Kabaretttruppen an die 8500 Vorstellungen (während es der »offizielle« Teil auf gerade 250 bringt). So manche Karriere – etwa die der britischen Nonsens-Gruppe Monty Python – hat hier begonnen.

Man sollte diese Leistung im Auge behalten, wenn man über den touristischen Rummel von *The Heritage Industry* die Nase rümpft: Es ist die imponierende Kehrseite der Medaille.

Der Stadt selbst ist schon so mancher auf den ersten Blick verfallen. Sie bringt das seltene Kunststück fertig, zugleich stolz und anheimelnd zu wirken. Wurde Rom auf sieben Hügeln erbaut, so Edinburgh – wie übrigens auch Glasgow – auf mindestens siebzig. Alle überragt die Burg mit ihren festen Mauern aus diversen Jahrhunderten, die ältesten Teile sind an die 900 Jahre alt. Die Erinnerungen reichen noch weiter zurück – von hier haben schon in vorgeschichtlicher Zeit schottische Könige ihr Land regiert. Um ihren Palast, ihre Große Halle, ihre

Schatzkammern und Verliese rankt sich ein Großteil der blutigen und der unblutigen schottischen Geschichte.

Das gilt auch für den Palace of Holyrood House am anderen Ende der Royal Mile, der königlichen Prachtstraße, die an der High Kirk der Church of Scotland, St. Giles, mit ihrem kronenförmig gestalteten Turm vorbeiführt. In Holyrood residierte Maria Stuart, wurde ihr armer italienischer Sekretär Rizzio ermordet, hielt Bonnie Prince Charlie Hof, der, im Gegensatz zu Oliver Cromwell, Edinburgh Castle nicht erobern konnte, und nun gibt dort die derzeitige Königin bei ihren alljährlichen Schottlandaufenthalten ihre Empfänge. Gelinde Melancholie bleibt spürbar – eine Hauptstadt ohne Land.

Derartige Sentimentalitäten sind der anderen Prachtstraße, der Princes Street, fremd. Sie – und nicht die Royal Mile – wird von vielen sogar als die »Hauptstraße Schottlands« empfunden und bezeichnet. Die Glaswegians haben versucht, ihr die Sauchiehall Street entgegenzusetzen, aber – von Mackintoshs Gebäuden einmal abgesehen – bietet sie nichts anderes, als was Einkaufsstraßen und Fußgängerzonen überall bieten, nämlich Geschäfte.

Die gibt es ebenfalls, prachtvolle (und teure) dazu, in der Princes Street, jedoch nur auf der einen Seite, der rechten, wenn man den kurios und etwas unordentlich mit Gedenktempeln bestückten Calton Hill im Rücken hat. Zur Linken zieht sich ein tiefes, schluchtartiges Tal entlang, in dem auch die Eisenbahnstrecke verläuft. Das Tal, bestückt mit Häusern, Bäumen, dem Bahnhof und – direkt über der Bahnlinie – der Nationalgalerie, war früher ein *loch*, ein See. Es trennt heute die historische Old

Town von der New Town; letztere beginnt mit der Princes Street, und sie ist mittlerweile auch nicht mehr ganz neu, nämlich an die 200 Jahre alt. Geschaffen hat sie – wie auch die Princes Street – ein damals 22jähriger Architekt, James Craig.

Die New Town ist erneut etwas für Architekturliebhaber – eine gut erhaltene klassizistische Stadt aus den Zeiten der Aufklärung, als Edinburgh sich den Ruf eines »Athens des Nordens« erwarb. Den Neoklassizismus, wie ihn in Preußen Karl Friedrich Schinkel und in Bayern Leo von Klenze pflegten, nennt man in Großbritannien »georgianisch«, nach den vier hannoverschen Königen, die in dieser Epoche regierten und alle Georg hießen. Die bekannteste georgianische Stadt ist Bath, eindrucksvoll genug in ihrer puristischen Gestalt. Hinsichtlich Ausdehnung und Vielfalt wird Bath jedoch von Edinburghs New Town weit übertroffen. *Auld Reekie*, so der Spitzname der Stadt seit alters, läßt sich mit keiner anderen Hauptstadt vergleichen, nicht einmal mit Paris, Rom oder London. *Auld Reekie* ließe sich ungefähr als »Alte Räucherliese« übersetzen. Der Name stammt aus einer Zeit, da die Schotten, an Städte nicht gewöhnt, staunend vor der Rauchentwicklung so unglaublich vieler Häuser standen.

Man sollte meinen, daß Glasgow dem wenig oder nichts entgegenzusetzen hätte. Weit gefehlt. Edinburgh ist schön. Glasgow ist interessant.

Es fasziniert wiederum am ehesten denjenigen, der ein Gespür hat für Architektur, Städtebau, urbane Landschaft. Haben die reichen Viktorianer doch wahre Paläste, oft wolkenkratzerähnlich, an die quadratisch verlaufenden Straßen gesetzt, verziert mit phantastischen Säulen, Karyatiden, meterhohen gotischen Glasfenstern, Stuckfiguren, Erkern mit Pseudo-Renaissancestil, Kuppeln, Brüstungen wie am Palazzo Venezia und Balkons: Bürohäuser, Fabriken, Kaufhallen. Dazwischen die Lagerhäuser mit ihren unzähligen Hinterhöfen, gelegen an kopfsteingeplasterten höhlenartigen Gassen und Gängen, zum Teil halbverfallen, eingerüstet, von Planken umzäunt, zum Teil wie aus einem Jungbrunnen auferstanden mit frisch vergoldeten Gußeisenpforten.

Schon die rasterförmige Anlage der Straßen erinnert an Amerika, mehr noch die Architektur. Nicht London, nicht der europäische Kontinent gaben hier das Vorbild, sondern Städte wie Milwaukee, Chicago, Boston, Philadelphia. Selbst die Straßennamen künden von den einstigen engen transatlantischen Handelsbeziehungen – Virginia Street, Jamaica Street, Kingston Bridge. »Edinburgh«, fand der Reiseschriftsteller H. V. Morton, »ist schottisch, Glasgow ist kosmopolitisch.«

Eigentlich braucht man nichts anderes zu tun, als die City zwischen George Square – wo kein Georg, sondern Sir Walter Scott von riesiger Säule gelassen herabblickt – und Central Station sowie dem Fluß Clyde im Süden planlos zu durchstreifen. Auf Schritt und Tritt wird man vom architektonischen Durcheinander überrascht und kommt aus dem Staunen nicht heraus. Der hochherrschaftlichen Kulturstadt Edinburgh steht die proletarische Kulturstadt Glasgow gleichberechtigt gegenüber – oder entgegen.

Entgegen steht Glasgow, merkwürdiges Phänomen, auch sich selbst. Wenn eine tiefe Kluft die Edinburgher in Altstädter und Neustädter teilt, so trennen die Glaswegians die beiden Fußballvereine der Stadt. Celtic-Fans (grüne Trikots) sind bis aufs Messer verfeindet mit den Anhängern der Rangers (blaue Trikots): eine Feindschaft, die bereits mehrere Generationen von Fußballfanatikern überdauert hat.

Das heißt: Mit Sport hat sie eigentlich wenig oder nichts zu tun, eher schon mit Clan-Zugehörigkeit. Wie definiert der Schottenwitz, um wieder auf ihn zurückzugreifen, einen Atheisten? Das ist jemand, der zu einem Spiel Glasgow Rangers gegen Glasgow Celtic geht, um sich ein Fußballmatch anzusehen.

Die Zugehörigkeit zu einem der Clubs trägt tatsächlich beinahe religiöse Züge, auf jeden Fall konfessionelle. Die meisten Celtic-Fans sind Katholiken, Nachfahren der irischen Einwanderer, die einst lohnbrecherisch hier ihr Glück zu machen versuchten; die Rangers sind waschechte Protestanten von schottisch-presbyterianischer Art.

Aber hundertprozentig stimmt das nicht. Die Verbundenheit mit einem der Clubs kann in Glasgow auch gleichsam überkonfessionell vererbt werden, vom Vater auf Sohn, Enkel und Urenkel. Entstanden ist der Konflikt aus eher ethnischen Gegensätzen – Celtic wurde eben von Emigranten aus Irland gegründet.

Ich habe den Vergleich mit der Novelle *Dr. Jekyll und Mr. Hyde* bisher vermieden, die Robert Louis Stevenson in Edinburgh geschrieben hat. Er wird allzu häufig auf beide Städte angewendet; fast jeder Essay über Edinburgh oder Glasgow beginnt mit ihm. Aber auch was oft gesagt wird, kann stimmen. Beide Städte tragen tatsächlich so etwas wie ein Doppelgesicht, ein gutes und ein böses.

Der rechtschaffene Proletarier mit den schwieligen

Händen und dem Herzen auf dem rechten Fleck, den der Glasgower so gern spielt, verbirgt hinter seinem breiten Rücken (und seinem goldenen Humor) ein ernstes soziales und menschliches Problem. Man könnte es kurz als »Suff und Drogen« umreißen, aber es reicht tiefer. Eine unbeherrschbare Aggressivität scheint dem Glaswegian angeboren. Ich würde keinem Glasgow-Besucher raten, sich nachts durch Stadtteile wie Blackhill oder Ruchazie zu bewegen, wo kein Taxifahrer anhält, wenn ihm gewunken wird, sondern Gas gibt. Der Glasgower ist gutmütig bis zum Extrem und andererseits angriffslustig bis zum Extrem, ein beinahe schizophrener Gegensatz.

Fast schlimmer noch stellt sich der Januskopf des feinen und fast übertoleranten Edinburgh dar. In keiner anderen europäischen Stadt grassiert die Aids-Seuche so schlimm wie hier. Von 100 Männern im Alter zwischen 15 und 45 erweist sich – statistisch gesehen – einer als HIV-positiv. Lothian Region, Edinburghs Regierungsbezirk, läßt sich in dieser Hinsicht nur mit dem US-Staat New York vergleichen, der ähnlich bedrückende Zahlen aufzuweisen hat.

Wer immer aber der einen Stadt müde ist, kann sich darauf verlassen: Es fährt – Jekyll hin, Hyde her – alle halbe Stunde ein Zug oder Bus von Edinburgh nach Glasgow und einer von Glasgow nach Edinburgh.

Aberdeen versus Dundee

Glasgow hat rund 900000 Einwohner, Edinburgh etwa halb so viel, nicht ganz 500000. Zu solchen Größenordnungen bringen es andere schottische Städte nicht. Sie sind überhaupt erst seit dem 18. Jahrhundert aus Dörfern, Flecken oder befestigten Orten entstanden. Daniel Defoe aus London, bis heute weltweit populär durch seinen *Robinson Crusoe* (und in englischsprachigen Ländern *Moll Flanders*), beschreibt Edinburgh noch als finsteres und schmutziges Loch, Glasgow dagegen als idyllisch gelegenes Fischerdorf.

Für Städte hat man in Schottland, vor allem im Norden, in den Highlands, nie viel übriggehabt. Die dörflichen Gebäude wurden Jahrhunderte hindurch ohne Zuhilfenahme eines Architekten errichtet. Der so entstandene schottische Heimatstil trägt sogar einen Namen: *Vernacular*, was freilich nichts anderes als »volkstümlich« heißt, der Landschaft angepaßt.

Allerdings stammt auch das Gegenteil von *Vernacular* aus Schottland. Seit William Smith aus Aberdeen 1855 Balmoral Castle vollendete, das schottische Stammschloß der Königin Viktoria und nun der Sommersitz der englischen Königsfamilie, grassiert für derartige Gebilde das Wort *balmorality*, Balmoralismus. Balmoralisch zu bauen bedeutet eigentlich, unmoralisch zu bauen, nämlich quer durch alle Stile, Hauptsache, es wirkt pittoresk und altertümlich. Ein Großteil der im 19. Jahrhundert errichteten nachklassizistischen Gebäude ließe sich – in Europa und Amerika bis hin nach Australien – so einstufen. Der größte deutsche Bauherr dieses Genres war wohl Ludwig II. von Bayern. Zum Balmoralismus gehört eine gewisse Portion Kitsch. William Smiths bedeutendster Nachfahr dürfte Walt Disney gewesen sein. Die Schotten haben, abgesehen von Balmoral – sowieso ein englischer Auftrag! – und einigen Pfeffersackpalästen in Glasgow wenig Balmoralisches gebaut. In Schottland ausgebildete Architekten gingen eher vom Vernacular-Stil aus, jenen einfachen rechteckigen Häusern aus einheimischen Steinquadern mit vier Fenstern vorne und vier Fenstern an der Rückseite. Dem georgianischen Klassizismus kam diese Bauweise entgegen.

Architektur in Schottland: sie ist untrennbar mit dem Namen einer Familie verbunden. Die vier Söhne des Baumeisters William Adam aus Kirkcaldy am Firth of Forth, James, Robert, William und John, taten sich zusammen und beherrschten eine Weile das gesamtbritische Bauwesen. Sie wären schwer auseinanderzuhalten, wenn nicht der Zweitälteste, Robert, sich vor allen anderen ausgezeichnet hätte. Er ging zwar mitsamt seiner Brüderschar pleite: das Projekt einer Wohnanlage an der Themse, das sagenhafte »Adelphi«, ruinierte ihn; seinen klassizistischen Stempel hat er den englischen und schottischen Städten dennoch aufgedrückt. Von ihm stammen die Londoner Regierungsgebäude in Whitehall ebenso wie, in Zusammenarbeit mit William Craig, große Teile der New Town in Edinburgh.

In der New Town entwarf Robert Adam zum Beispiel sämtliche Häuser am eleganten Charlotte Square. Er strahlt eine einfache Würde aus wie kaum sonst ein urbaner Platz in Großbritannien. Adams Hauptwerk findet sich jedoch, typisch schottisch, fernab von allen Städten auf dem Lande, im Grenzbezirk von Borders. Mellerstain House, 1725 von Vater William begonnen und 1778 von Sohn Robert vollendet, kann man als schönsten und prächtigsten schottischen Landsitz des 18. Jahrhunderts bezeichnen. Er ist für Autofahrer leicht von Kelso aus auf der A 6089 zu erreichen. Geben Sie Mellerstain House drei Sterne in Ihren Reiseplänen! Die Innenräume bieten Möbel von Chippendale, Sheraton und Hepplewhite sowie Bilder von Veronese, Gainsborough und Constable. Wenn Sie schon dort sind, versäumen Sie auch nicht Bowhill, fünf Kilometer westlich von Selkirk, mit einer weiteren prachtvollen Lowlands-Sammlung (unter anderen Werke von van Dyck, Reynolds, Canaletto und Raeburn, dem einzigen schottischen Maler, der es in seiner Zeit zu einigen Ansehen brachte; seine Hauptwerke, darunter der berühmte »Rev. Robert Walker als Schlittschuhläufer« hängen allerdings in der Nationalgalerie von Edinburgh).

Robert Adam liegt in der Westminster Abbey begraben. Mit ihm begann der schottische Städtebau, den er geprägt hat wie Charles Rennie Mackintosh den schottischen Jugendstil. Der Ursprung liegt aber sicherlich in den bescheidenen Anfängen des Vernacular-Stils. Spottet Clifford Hanley: »Die modernen Architekten, die wuchtig-starke Wohnmaschinen entwerfen, tendieren dazu, sich selbst vernaculare Cottages zu kaufen, diese mit neuen Leitungen zu versehen sowie Zentralheizung, und sich enorm wohl darin zu fühlen.« Schottische Städte, so wenige es gibt, tendieren dazu, untereinander in Konkurrenzstreit zu geraten. Edinburgh und Glasgow sind kein Ausnahmefall. Das gleiche trifft auf Aberdeen und Dundee zu, beide etwa gleich groß (rund 200000 Einwohner), beide im Osten des Landes gelegen, rund 70 Meilen (ca. 110 Kilometer) voneinander entfernt.

Man muß dazu wissen, daß die schottische Ostküste, die relativ weit in die Nordsee vorstößt, einen für Großbritannien – vielleicht mit Ausnahme von Devonshire ungewöhnlichen Ruf besitzt. Die Leute dort gelten als besonders emsig und fleißig, wovon ein gewisser Wohlstand Zeugnis ablegt. In Angus, wie es bis 1975 hieß (seither gehört die ehemalige Grafschaft zum Regierungsbezirk Tayside), wächst das ergiebigste Getreide, aus Aberdeenshire stammt das wohlschmeckendste Rindfleisch, Farm reiht sich an Farm, eine gepflegter als die andere, und auch der von den Kelten ursprünglich tabuisierte Fischfang soll von den Bewohnern der Ostküste eingeführt worden sein. Peterhead, Ausgangspunkt eines eigenen *Fishing Heritage Trail*, auf dem man die Heringshäfen von Buckie und Fraserburgh bis hinauf nach Banff aufsuchen und studieren kann, gilt als Europas geschäftigster und umschlagreichster Fischerort. Reich an fettem Boden ferner die Black Isle, die gar keine Insel ist und auch eher grün als schwarz aussieht. Hier gedeihen Korn und Gemüse wie nirgends sonst in Schottland.

Mitten in dieser fruchtbaren, landschaftlich lieblichen, dazu vom Wetter einigermaßen verwöhnten Gegend liegen Aberdeen und Dundee.

Aberdeen – Spitzname: *The Granite City*, die Granitstadt – ist das Glückskind der Ostküste. Von den Schätzen des Landes profitiert sie seit jeher und neuerdings noch mehr von denen, die aus der Nordsee gefördert werden. Etwas unfreundlicher ausgedrückt: Aberdeen sahnt ab.

Dundee dagegen ist das Aschenputtel, der ewige Pechvogel, der beim Wettlauf um weltliche Güter stets ins Hintertreffen gerät. Dundees Dauerpechsträhne beruhe auf mangelnder Energie und zuwenig Ostküstenmentalität, behaupten die Leute in Aberdeen. Die Leute in Dundee führen sie dagegen auf die spitzen Ellenbogen der Aberdeener Geschäftsleute und deren Rücksichtslosigkeit zurück.

Die Fehde wird nicht mit der von Edinburgh und Glasgow gewohnten Heftigkeit geführt, sondern eher unterschwellig, brustklopfend auf der einen, verzichtend klagend auf der anderen Seite. Aber sie ist vorhanden und bestimmt das Leben in dieser ansonsten glücklichen Gegend mit.

Selbstzerstörerische Tendenzen und eine Affinität zur Katastrophe reichen bei Dundee über Jahrhunderte zurück. Fast immer befand sich die Stadt in den historischen Auseinandersetzungen auf der falschen Seite, oder sagen wir besser: auf der, die verlor. Gebrandschatzt und geplündert, belagert und ausgehungert wurde sie schon 1297 vom frühen schottischen Nationalhelden Sir William Wallace und 1645 vom antikatholischen Earl of Montrose. Am schlimmsten hauste sechs Jahre später General Monck, der die aufsässigen Schotten in Cromwells Commonwealth eingemeinden wollte, was ihm auch gelang. Dundee wurde von seinen Truppen total zerstört, ein Großteil der Einwohner hingemetzelt.

Mit einer Katastrophe ist Dundee sogar in die deutsche Literatur eingegangen. Fontanes Ballade *Die Brücke am Tay* – »Tand, Tand / Ist das Gebilde von Menschenhand« – beschreibt ein tatsächliches Ereignis: In einem Orkan brach Dundees erste Eisenbahnbrücke, über die gerade ein vollbesetzter Zug rollte, zusammen. Von den 75 Passagieren konnte keiner gerettet werden. Das war am Sonntag, dem 28. Dezember 1879. Ein Schock für die technikgläubigen Viktorianer, ein Fingerzeig des Herrn für die strengen schottischen Presbyterianer, die Strafe für eine Verletzung der Sonntagsruhe. Wer über die imposanten neuen, fast einen Kilometer langen Auto- und Eisenbahnbrücken fährt, kann unter sich, im Firth of Tay, noch die Reste der Stützpfeiler jener Katastrophenbrücke in den Fluten erkennen.

Außer daß der Law Hill oder Dundee Law, ein erloschener Vulkan, an dessen Hängen sich die Stadt terrassenförmig entlangzieht, wieder ausgebrochen wäre, hat Dundee jederlei Unglück getroffen. Oben vom Law hat man einen prächtigen Ausblick und entdeckt auch, daß die Städteplaner nicht glimpflicher mit dem Ort umgesprungen sind als einst General Monck.

Dieses »Unglück« hat viel früher begonnen als anderswo. Schon in den dreißiger Jahren wurde das Rathaus aus dem 17. Jahrhundert abgerissen, und heute fällt der Blick auf anscheinend wahllos hochgezogene moderne Wolkenkratzer, hinter denen sich einige – immerhin – Sehenswürdigkeiten verbergen, zum Beispiel der Old Steeple aus dem 15. Jahrhundert oder der Howff Friedhof, den Maria Stuart der Stadt schenkte; er war bis dahin der Obstgarten eines Franziskanerklosters vor den Toren der Stadt gewesen. Die bemoosten Grabsteine zeigen naive, anrührende handwerkliche Symbole. Meinte Peter Sager es ironisch, als er schrieb: »... auf dem Friedhof ›The Howff‹ lebt die alte Stadt am Tay wie nirgendwo sonst.« Ich bin mir nicht sicher, aber er hat recht. Wie so oft – sein Kunstreiseführer dürfte das vollständigste und sorgfältigste Werk dieser Art nicht nur in deutscher Sprache sein.

Von Dundees einstiger kommerzieller Bedeutung ist ebenfalls nicht viel übriggeblieben. Der Hafen war einmal Hauptumschlagplatz für französische Rotweine und feinstes Leinen, mit dem ganz Großbritannien und halb Europa versorgt wurden. Dann gab es drei weitere Handelsartikel, für die Dundee berühmt war, die alle mit einem »j« anfingen: *jute, jam and journalism*. Jute scheint, im Gegensatz zur Marmelade, nicht mehr gefragt, aber für *jam* (rote Marmelade) und *marmalade* (solche aus Zitrusfrüchten) gilt der Herstellungsort Dundee nach wie vor als Qualitätsnachweis.

Auch, in gewissen Grenzen, für den Journalismus. Im altehrwürdigen Verlag von D.C. Thomson haben sich immerhin die *Sunday Post*, *The Beano* und *The Dandy* erhalten. Die *Sunday Post* ist das Leib- und Magenblatt der Schotten überall in der Welt, und mit *The Beano* und *The Dandy* sind ganze Generationen britischer Kinder aufgewachsen. Comic-strip-Helden wie »Dennis the Menace« haben sogar international Verbreitung gefunden; weniger die beiden beliebtesten Comic strips der Schotten zwischen sieben und 70 Jahren, *Oor Wullie* und *The Broons*.

Eine resignative Stadt, nostalgisch geliebt vor allem von Auslandsschotten (wegen der *Sunday Post* und der Frühstücksmarmelade), aber zerrüttet von Korruptionsskandalen, die bis in die siebziger Jahre hinein anhielten, und, eben, Pech. Von der anderen Seite des Tay, oder wenn man die Brücke überquert, glaubt man schon, in ein zweites Edinburgh zu kommen. Die Stadtkulisse sucht ihresgleichen. Aber sie hält nicht, was sie verspricht. Ich kann mich nur einem englischen Reiseführer anschließen, in dem ich folgende Empfehlung (von Julie Davidson) fand: »Dundee ist einen Besuch wert ...« Sie fügt hinzu: »... aber keinen langen«.

Im nicht weit entfernten Aberdeen lohnt sich auch der längste Aufenthalt. Ihren Namen trägt die Stadt zu Recht. Sie ist von A bis Z aus einheimischen Granit erbaut, sozusagen maßgeschneidert in eben den richtigen Proportionen von lang und breit, hoch und tief, alt und nett. Und wo es für Granit nicht reichte, hat man doch wenigstens den Spannbeton so präpariert, daß er beinahe so aussieht wie Granit.

Granit ist ein harter, aber farblich außerordentlich sensibler Stein. Bei wolkenverhangenem Himmel wirkt er grau in grau, und das Wetter scheint noch trüber zu werden. Dann trägt er Tarnfarbe, kaum kann man das eine Gebäude vom anderen unterscheiden. Kommt allerdings die Sonne zum Vorschein, so verändert sich alles schon beim ersten Strahl. Aus dem Grau wird ein sanftes Silbergrau und schließlich, im vollen Sonnenlicht, beinahe ein Weiß, das die Augen schmerzen läßt.

Deshalb nennt sich Ebb'rrdiehn (Betonung auf der letzten Silbe) im Prospekt gerne *The silver city by the golden sand*, neuerdings auch *City for lovers*. Jedenfalls: Wer Granit liebt, kommt auf seine Kosten. Übersehen Sie nicht den gewaltigen Gebäudekomplex des Marischal College, direkt gegenüber der Tourist Information: die größte Ansammlung dieser Gesteinsart in der Welt – nach dem Escorial in Madrid. Ästhetisch muß man das College, das wie eine Kirche wirkt, allerdings wohl unter dem Stichwort »Balmoralismus« einordnen, wenn man die überladene Pracht und Fracht von nachgemachter Gotik betrachtet.

Hier, in der erst aus dem späten 18. und frühen 19. Jahrhundert stammenden City, die gesichtslose, aber feingeschniegelte Union Street entlanggehend, gewinnt man den richtigen Eindruck. Eine Stadt mit uralter Kathedrale, St. Machar's, inmitten eines richtig alten, kopfsteingepflasterten Stadtteils. Aber ihr Herz schlägt in den granitenen Bank- und Bürogebäuden und im Hafen, den nicht mehr, wie früher, Schiffe aus aller Welt anlaufen, sondern nur einige Fähren; sowie auf den Versorgungshubschrauber-Flughäfen für die über 30 in den Firths und der Nordsee verankerten Ölbohrinseln.

Eine geschäftige und geschäftstüchtige Stadt, der es gutgeht. Ihre abgeschiedene Lage gereicht ihr zum Vorteil. Wer sich ihr mit dem Wagen, von Süden kommend, auf der A 32 nähert, durchfährt eine schier endlose Strecke nahezu unbebauter Landschaft, ehe er plötzlich von hoch oben auf die graue oder silbern blinkende Granitstadt hinabblickt, die wie eine Vision wirkt, ein unvergeßlicher Anblick.

Als Stadt hat Aberdeen in dieser Gegend, so schön und so fruchtbar diese sein mag, keine Konkurrenz. Sie hat das arme Dundee längst in die Tasche gesteckt.

Als am 11. Juni 1975 das erste Öl von britischen Ölfeldern in der Nordsee an Land gepumpt wurde, schlug Aberdeens große Stunde. »Es ist unser Öl, sagen die Schotten«, formuliert Peter Sager. »Es ist britisches Öl, sagen die Engländer. Die Aberdomans sagten gar nichts und machten als erste Geschäfte.«

Freilich sind nicht alle Blütenträume gereift, sondern haben einer gewissen Ernüchterung Platz gemacht. Nicht, wie gehofft, dem unmittelbaren Umland kam der Segen zugute, sondern der Londoner Staatskasse. Die Felder erwiesen sich keineswegs als derartig ergiebig, wie es zunächst schien; die Arbeit dort draußen ist rauh und gefährlich; die Ausbeute ist zur Routine geworden, ohne daß sie gesteigert werden konnte.

Natürlich profitiert Aberdeen, profitiert auch das Umland von der Versorgung der Ölinseln, von Verwaltung, Transport und sogar den Ölmanagern, die sich in den goldenen siebziger Jahren für horrende Summen Land kauften – selbst zweitklassige Farmen wechselten damals für Millionenbeträge den Besitzer. Man rechnet, daß das Öl 70000 direkte Arbeitsplätze geschaffen hat, zu denen 30000 indirekte treten. Versorgungsbasen in Wick, Lerwick, Montrose, auch Dundee beleben die Ökonomie des Landes. Das hübsche kleine geruhsame Tain zum Beispiel, Geburtsort des heiligen Duthac, ist zu einem beliebten Aufenthaltsort der auf den Bohrinseln Beschäftigten geworden, denen in ihrer Freiwoche die Reise nach Hause zu lang scheint.

Etwas weiter südlich, am Cromarty Firth, konzentrieren sich die Auf- und Abbauwerkstätten der Ölinseln, die im fjordartigen Meeresarm entweder auf das Abschleppen in die rauhe See oder auf das Abwracken warten. Die Werft in Nigg Point wird allerdings nicht mehr voll genutzt. Dafür sollen im Cromarty Firth bisweilen auch Bohrinseln auftauchen, von denen keiner weiß, woher sie kommen. Wer die hübsche Black Isle durchstreift, von deren fetter Erde bereits die Rede war, hat von dort einen Überblick auf das Leben und Treiben im Cromarty Firth – er schaut sozusagen hinter die Kulissen des ungemein konjunkturanfälligen Ölgeschäfts. Ein Preisrückgang von 300 Prozent Mitte der achtziger Jahre (von dem Autofahrer wenig gemerkt haben) soll der Grund für das Nachlassen des Ölbooms sein. Aber vielleicht kann man das Auf und Ab mit dem Farbwechsel beim Granit vergleichen: Was im Moment grau in grau erscheint, kann schon bald wieder silbern glänzen. Das stolze Aberdeen und das schicksalsergebene Dundee hätten es verdient.

Die anderen Städte
und das Ungeheuer von Loch Ness

Die beiden weiteren Städte in Schottland, die als solche zu bezeichnen wären, sind Perth und Inverness. Sollte es auch zwischen ihnen Rivalitäten geben, so sind sie mir nicht bekannt. Die beiden liegen ja auch weit genug voneinander entfernt. Perth – zwischen Edinburgh und Dundee – ziemlich genau in der Mitte des Landes, Inverness beinahe schon in den Highlands.

Über die Stadt Perth rümpfen die meisten Reiseführer und -schriftsteller die Nase. Schon Fontane monierte, Sir Walter Scott habe den Ort in seinem Roman *Das schöne Mädchen von Perth* als viel zu hübsch beschrieben. Außerdem stieß ihn die Historie ab, vor allem die »landesüblichen Ermordungen an Altar und Altarstufen«.

Dafür habe ich auch nichts übrig, kann jedoch in das allgemeine abschätzige Urteil über Perth – Peter Sager: »... hat mehr alte Geschichten als alte Gebäude aufzuweisen« – nicht einstimmen. Ich bin freilich ein Liebhaber alter Geschichten, und mit ihnen kann die Stadt wahrhaftig aufwarten: kaum ein Fleck ohne unheimliche Geschehnisse, finstere, bisweilen auch edle Taten oder Anekdoten.

Perth ist Schottlands Königs- und war jahrhundertelang sogar Hauptstadt des Landes. Seit der Krönung von

Kenneth MacAlpine zu Kenneth I. im 9. Jahrhundert sind hier, im nahen Scone Palace, nicht weniger als 40 schottische Könige mehr oder weniger feierlich inthronisiert worden. Erst als 1437 wieder einmal einer von ihnen, James I., einer Konspiration zum Opfer fiel, verlegte seine Witwe den Hof nach Edinburgh. Ihr Sohn, James II., genannt »Feuergesicht«, eines Muttermals wegen, wurde, eben sechs Jahre alt, als erster in Holyrood gekrönt.

Sechshundert Jahre schottische Königsgeschichte hat Perth erlebt. In dieser Zeit passiert schon allerhand, darunter auch ganz gewiß Abscheuliches, da hat Fontane sicher recht. Die Schotten haben immer einen Hang zu Intrigen gehabt. Das lag schon in ihrer Herkunft begründet – zwei unterschiedlichen Stämmen, Pikten und Skoten, gehörten sie an, die Kenneth I. in einem Reich vereinte; später waren sie dann durch die familiären Clan-Beziehungen untereinander tief zerspalten; in einem solchen spannungsgeladenen Zusammenleben geht's nicht immer harmlos zu. So ist denn die schottische Geschichte außerordentlich blutig verlaufen, blutig und nicht immer fair, aber auch abenteuerlich, balladenhaft, geschichtenträchtig. In Perth hat sich die schottische Historie in unzähligen spannenden Ereignissen, Geschehen, Begebenheiten abgespielt, die selbst das Lebenswerk Sir Walter Scotts, der aus ihnen seinen Stoff bezog, bei weitem in den Schatten stellen. Und ich finde, man merkt es der Stadt immer noch an, sosehr sie sich auch auf den Fremdenverkehr eingestellt hat und sich äußerlich makellos gibt.

Die berühmteste Geschichte ist die der *Gowrie Conspiracy*, des Doppelmords an John und Alexander Ruthven in Perth am 5. August 1600, ein Mysterium bis heute. In sie verwickelt, ja sogar als Hauptverdächtiger, ist James VI., Sohn der Maria Stuart und erster König von England *und* Schottland. Er, der Vater der britischen Einheit, prägte den Namen Great Britain, Großbritannien, den das Land noch heute trägt. Er war ein etwas undurchsichtiger, diplomatisch und machtpolitisch gerissen agierender Mann. Heinrich IV. von Frankreich hat ihn den »weisesten Narren der gesamten Christenheit« genannt.

An jenem 5. August besuchte er Vater und Sohn Ruthven. Mit der Familie hatte er noch ein Hühnchen zu rupfen. William Ruthven, Earl of Gowrie, war es gewesen, der ihn vor 18 Jahren entführte, weil man den Einfluß seines katholischen Vetters Esmé Stuart fürchtete. James konnte damals entkommen, verzieh sogar seinem Entführer, der jedoch ein Jahr später eines ähnlichen Komplotts wegen dennoch hingerichtet wurde. Gründe zu Groll, Rivalität, vielleicht sogar Feindschaft bestanden auf beiden Seiten.

Was sich am 5. August 1600 beim Treffen zwischen James VI. und den beiden Ruthvens abspielte, blieb unaufgeklärt. Der König fühlte sich in einen Hinterhalt gelockt, Lind bei dem folgenden Durcheinander wurden die beiden Ruthvens getötet. Hatten sie, wie James behauptete, eine zweite Entführung geplant? Handelte es sich um eine Verschwörung des katholischen schottischen Adels? Oder entledigte sich James VI. von Schottland, drei Jahre später auch James I. von England, auf unbeweisbare Art eines gefährlichen Rivalen? Die Hintergründe sind komplizierter; ich habe den Vorfall verkürzt erzählt. Die Frage beschäftigt Historiker und Sachbuchautoren bis heute, zu schweigen von den Romanciers. Ein schottischer Gelehrter, berichtet Sager, hat verlauten lassen, es sei eine der Tröstungen des Jüngsten Gerichts, daß man dann endlich die Wahrheit über die *Gowrie Conspiracy* erfahren werde.

Außer den vielen Spuk- und Mordgeschichten, für die Perth den Schauplatz abgibt, sprechen noch einige weitere Gründe für die alte Königsstadt, auch wenn von der Residenz so gut wie nichts übriggeblieben ist. Ich möchte sie aufzählen, wie sie mir gerade einfallen.

1. Perth ist der Herstellungsort von zwei der besten Blended-Whisky-Marken, Bell's und Dewar's.

2. Der Tay, der bis Perth schiffbar ist, durchfließt die Stadt, als wolle er sie charakterisieren. Er ist zugleich lauschig und impulsiv. Die Straßen, die ihn rechts und links säumen, sind zwar eher altertümelnd als alt, aber weder aufdringlich schottisch kariert wie Gretna Green noch so gesichtslos modernisiert wie Dundee. Erholsames Mittelmaß sozusagen, und nach all den Auf- und Anregungen, die Schottland bieten kann und gewöhnlich bietet, höchst erfrischend. Wie im 18. Jahrhundert kann man absteigen im Salutation Hotel, das sich äußerlich wie innerlich sein historisches Gesicht bewahrt hat. Dort hat seinerzeit schon Bonnie Prince Charlie gewohnt.

3. Im Park von South Inch befindet sich ein ebenso kolossales wie seltsames Gebäude, das sogenannte Round House. Es beherbergt heute das Tourist Office, diente aber einst der Stadt als gewaltiger Wassertank, den man als Kapelle oder Grabmal verkleidet hatte. Den Schornstein des Maschinenhauses daneben hat man folgerichtig 1830 als klassizistische Säule kostümiert, eine

frühindustrielle Abart des Balmoralismus. Friedrich Wilhelm III. von Preußen gefiel sie so gut, daß er genau die gleiche Anlage in Berlin errichten ließ. Übertrumpft wurde sie nur durch das Potsdamer Wasserwerk, dem man Form und Aussehen einer Moschee gab, mit dem Turm als Minarett.

4. Perth ist wie kaum eine andere Stadt umgeben von Burgen. Mitten im nahen Loch Leven findet sich auf einer Insel Lochleven Castle, und wer das Schloß sucht, in dem die unglückliche Maria Stuart gefangensaß, aber entkommen konnte – dies ist es! Und Überlieferungen überall, in Falkland Palace, dem Lieblingssommersitz der Stuarts, in Menstrie Castle oder Drummond Castle mit seinen überraschenden italienischen Gärten, in Castle Campbell. Die Mitte Schottlands, Central Scotland, ist das ideale Land, in dem sich geschichtsbewußte Besucher wohlig einen Schauer nach dem anderen über den Rücken jagen lassen können. Wen Geschichte nicht interessiert, der vernimmt in und um Perth doch wenigstens so etwas wie ihren Flügelschlag.

5. Am intensivsten in Scone (sprich: Skuhn). Es liegt zwei Meilen (drei Kilometer) nördlich von Perth; man kann ohne Schwierigkeiten zum Scone Palace hinauswandern: Er gehört nach wie vor dem Earl of Mansfield, aber man kann ihn gegen Eintrittsgeld besichtigen, den kilometerweiten Park durchwandern, das berühmte Hochlandvieh des Earls bestaunen sowie jenes »Pinetum«, das ich in deutschen Reiseführern schon als »seltsamen Wald« verzeichnet gefunden habe. Es handelt sich aber nicht um einen solchen, sondern um die größte und vollständigste Sammlung sowie Ausstellung aller Tannenarten unseres Erdballs. Die riesigen, 150 Jahre al-

ten Bäume sind beschriftet – eine Nadelholzkollektion ohnegleichen. Angelegt hat sie David Douglas, Gärtner, Botaniker, Weltreisender, der auf den Gütern von Scone geboren wurde und der dem seltsamen Wald auch die nach ihm benannte Douglasfichte hinzufügte.

Hier, im Scone Palace, früher eine Abtei, befand sich jener weitgereiste Stein, der nationalschottischen Herzen so teuer ist. Kenneth I. soll ihn aus Irland geraubt und als erster benutzt haben. Denn so feierlich die Krönungszeremonie im alten Schottland gewesen sein mag, in ihrem Mittelpunkt stand ein sehr einfacher Vorgang. Der künftige König mußte sich auf den Stein von Scone setzen. Wer draufsaß, war König. Man darf ihn sich nicht als kostbar geschliffen vorstellen, eine Art von Thronsessel; nein, es handelt sich um einen einfachen, unbehauenen, harten und unbequemen Sandstein. Druidische Magie oder Aberglaube: Ihm wurden – und werden insgeheim heute noch – magische Kräfte zugeschrieben.

Weshalb sonst hätte Edward I., der drei schottische Einfälle zurückschlagen mußte und als »Schottenhammer« in die Geschichte einging, den Krönungsstein 1296 geraubt und ihn unter dem Thronsitz der englischen Könige in der Westminster Abbey installiert? Und weshalb sonst hätten schottische Patrioten ihn 655 Jahre später, am Heiligabend 1951, aus der Westminster Abbey zurückzurauben versucht? Nur der Weigerung des damaligen Earl of Mansfield, den Stein wieder in Scone aufzustellen, verdanken es die Engländer, daß sich der Stone of Scone nach wie vor in London befindet, der schottischen Nationalpartei SNP – und nicht nur ihr – ein Dorn im Auge.

Für die aus allen Teilen Schottlands versammelten Edlen muß der Weg zur Krönungsstätte mühsam gewesen sein. Jeder trug in seinen Stiefeln Heimaterde mit sich. Nach erfolgter Zeremonie wurde diese auf einen Haufen geschüttet, was ihn im Laufe der Jahrhunderte zu einem kleinen Hügel anwachsen ließ. Moot Hill, eigentlich wohl Boot Hill; Stiefelhügel, liegt noch heute dem Palast gegenüber. Ihn hat Edward I. nicht nach London in die Westminster Abbey schleppen können.

In einem Baum hängt an geschützter Stelle auch noch die alte Krönungsglocke. Ob es sich tatsächlich um die originale handelt, wage ich nicht zu entscheiden.

Scone Abbey wurde bereits 1559 zerstört, was wiederum Perth ins Spiel bringt. Am 11. Mai jenes Jahres hielt Schottlands Reformator, John Knox, ein Schüler Calvins, aber noch gestrenger als dieser, in der dortigen St. John's Kirk eine seiner feurigen, aufrüttelnden Predigten, diesmal zum Thema »Die Reinigung der Kirchen vom Götzendienst«. Er soll selbst erschrocken gewesen sein über die Wirkung seiner Worte. Im ganzen Land brach alsbald ein wahrer Bildersturm los, in dem Unschätzbares zugrunde ging. Die 40 Altäre von St. John's wurden noch vor seinen Augen zerschlagen, was ihm vermutlich recht war; kaum gutheißen konnte er dagegen die totale Zerstörung vieler Klöster und Kirchen, darunter Scone Abbey.

Den »Palast«, den die Grafen von Mansfield teilweise auf den Fundamenten der zerstörten Abtei erbauten, haben sie vorsichtshalber unscheinbar und schmucklos gehalten. Und St. John's zu Perth bietet seitdem innen den nüchternsten Anblick, der sich in Kirchen, selbst schottischen, nur denken läßt.

Inverness lebt von einer Überlieferung anderer Art. Welcher, wird man sogleich begreifen, wenn der Name des langgestreckten Sees fällt, der fast bis zur Stadtgrenze reicht: Loch Ness. Von allen Lochs dürfte er der bekannteste sein. Er ist auch ein Phänomen sondergleichen, vor allem seiner Ausmaße, nicht seiner Schönheit wegen, in dieser Hinsicht wirkt er ein wenig monoton. Der See, Teil jener Erdspalte Great Glen, die wir schon erwähnt haben, ist 36 Kilometer lang, nur 1,5 Kilometer breit, aber unerforscht tief. Da es nie gelang, auf den Grund des nach unten sich zuspitzenden, v-förmigen Sees zu dringen, nicht einmal mit Einmann-U-Booten, ist die genaue Tiefe weiterhin unbekannt. Bis zu 325 Meter hat man gemessen. Das Wasser des Sees ist schlammig-trüb, undurchsichtig für jeden Taucher, selbst Hochfrequenz-Quarzlampen versagen.

Eiskalt ist der Loch Ness außerdem. Selbst im Sommer erwärmt er sich selten über sieben oder acht Grad, im Winter jedoch friert er niemals zu, wie es manche andere Lochs zu tun pflegen. Keine Leiche eines Ertrunkenen ist jemals wieder an die Oberfläche zurückgekommen – sie versinkt im Faulschlamm der engen und zerklüfteten Erdspalte. Oder sollte man »Nessie« dafür verantwortlich machen, das Ungeheuer, das weniger durch die Fluten von Loch Ness spukt als durch die Spalten der Weltpresse, wenn dort das »Sommerloch« gefüllt werden muß?

Zwar will schon der heilige Columban im Jahre 565 am Loch Ness einem Nessie ähnlichen Ungeheuer begegnet sein, das drauf und dran war, einen Schotten mitsamt Tartan zu verschlingen. Columban hielt ihm unerschrocken sein Kruzifix entgegen, woraufhin das Untier verschwand – der Mensch ward gerettet, und die heidnischen Anwohner bekehrten sich zum Christentum.

Erneut aufgetaucht aus den trüben Fluten ist Nessie dann erst 1368 Jahre später, als man die A 82 baute, die recht idyllisch am Seeufer entlangführt, im Jahre 1933 um es genau zu sagen. Bis dahin berichten schottische Sagen bestenfalls von sogenannten Kelpies, gefährlichen Biestern. Es handelt sich um Wasserrösser, die lieb und harmlos aussehen; aber kaum schwingt sich jemand auf ihren Rücken, galoppieren sie mit ihrem Reiter zum nächsten, nie weit entfernten Abgrund und brechen ihm alle Knochen im Leibe. Keine Sage dagegen erwähnt Nessie, die sagenhafte Seeschlange.

Es gibt allerdings ein Foto des Ungeheuers aus besagtem Jahr 1933, das, mehrfach überprüft, als unmanipuliert betrachtet werden kann. Auch hat ein Forscher mittels Radar festgestellt, daß »irgend etwas tief unten lebt«; aber ob es sich da nicht um einen jener Riesenaale gehandelt hat, die manchmal aus dem Loch Ness gefischt werden? Die Überlebenschance für einen – oder mehrere – ansonsten längst ausgestorbenen Plesiosaurier wären hier ausgesprochen günstig, das muß man zugeben. Der See wimmelt von Aalen und Lachsen; er bietet zudem unerforschbare Schlupfwinkel.

Jedenfalls steht das Ungeheuer von Loch Ness vorsichtigerweise unter Naturschutz. Sollten Sie es fangen, müssen Sie es in den See zurückwerfen. Am besten versuchen Sie es in der Nähe von Urquhart Castle (sprich: Örkuörd) oder vielmehr dessen Ruinen. Dort ist der Loch Ness am malerischsten, und man glaubt am ehesten an Nessies Existenz.

Unbestreitbar hingegen Nessies Präsenz im Straßenbild von Inverness. Schottlands nördlichste Stadt, eine angelsächsische Gründung, steht an Geschäftstüchtigkeit Aberdeen nur wenig nach. Sie hat Nessie zu einer Art Wappentier gemacht. Ansonsten bietet sie an Altertümern nicht viel. Die Burg, in der Shakespeare die Ermordung Duncans durch den von ihm arg verleumdeten Macbeth stattfinden läßt, gibt es nicht mehr. Die neue Burg ist erst 1834 bis 1846 entstanden, in viktorianischer Zeit, auch wenn sie – Kompliment! – viel älter aussieht.

Eine Aufzählung der Tugenden dieser Stadt kann ich leider nicht liefern. Trotzdem – oder vielleicht eben deswegen – kehre ich immer wieder gern dorthin zurück. Sie hält sich mit ihren knapp 40000 Einwohnern in überschaubaren Grenzen und ist ganz besonders freundlich. Von hier startet man die schönsten Touren in Lowwie Highlands. Darüber hinaus ist Inverness, so finde ich (und meine Frau ist der gleichen Ansicht), die beste Einkaufsstadt. *The Capital of the Highlands*, die Hauptstadt des Hochlands, als die sie sich häufig bezeichnet, ist sie allerdings nicht.

Die Highlands akzeptieren keine Hauptstadt.

Liebeslieder mit
Dudelsackbegleitung

Unser Streifzug durch schottische Städte ist damit beendet. Er hat uns nach Edinburgh, Glasgow, Aberdeen, Dundee, Perth und Inverness geführt. Ich habe mich bemüht, sie mit einiger Objektivität zu beschreiben und miteinander zu vergleichen. Wer mir den Vorwurf macht, meine Vorliebe gelte Glasgow, hat wahrscheinlich recht. Ich kenne Glasgow am längsten und habe es unter den ungünstigsten Verhältnissen kennengelernt. Meine erste Begegnung mit Glaswegians fand merkwürdigerweise in Nordafrika statt, bei Medjez-el-Bab, wo unter einer Moschee ein Barthaar des Propheten Mohammed begraben liegt.

Da die Geschichte ein Schlaglicht auf den schottischen Volkscharakter wirft, sei sie hier erzählt.

Sie spielt im Zweiten Weltkrieg. Wir, zehn Mann und ein Unteroffizier, lagen vor Medjez auf einem steilen Hügel mit dem Befehl, diesen so lange wie möglich zu halten. Rommels und General von Arnims Armeen befanden sich auf dem Rückzug und wollten sich von Cap Bone aus nach Sizilien einschiffen. Wir gehörten zu den verlorenen Haufen, die man an strategisch wichtigen Stellen postiert hielt.

Uns gegenüber, auf einem ähnlich hohen und genauso spitzen Hügel, setzten sich bald darauf »die Engländer«

fest oder »die Tommies«, wie wir sagten. Es handelte sich jedoch, wie sich später herausstellte, um Schotten aus Glasgow.

Krieg kann zwar sehr aufregend verlaufen, vor allem in Filmen, in Wirklichkeit besteht er zu 90 Prozent aus purer Langeweile. Liegen Sie mal Tage und Nächte, die Tage fürchterlich heiß und die Nächte verdammt kalt, im Freien auf dem nackten Felsboden, und nichts passiert. Ich lag am LMG, einem leichten Maschinengewehr, als ich drüben etwas entdeckte. Da wurde an einem Stock ein britischer Tropenhelm aus der Deckung gehoben und schaukelte dort in der Gluthitze.

Ich begriff sofort, was gespielt wurde, visierte den Helm als Ziel an, drückte den Abzug – und schoß vorbei. Das Hohngelächter der Tommies war nicht zu überhören. Unser Unteroffizier, der sich ebenfalls langweilte, brachte mir, auf allen vieren kriechend, einen Stock, auf dem ich nun meinen deutschen Tropenhelm aus der Deckung hievte. Der Schütze von drüben durchbohrte ihn wie Tell den Apfel. Wir klatschten Beifall.

Die nächsten Tage vertrieben wir uns die öden Stunden, indem wir uns gegenseitig die Hüte vom Stock schossen, mit wechselndem Erfolg. Ich hatte besonderes Pech, denn als ich beim Zielen aus Versehen mit dem linken Bein aus der Deckung geriet, schoß man mir von drüben – unfairerweise, wie ich damals fand und noch heute finde – durch dieses hindurch, gottlob ohne den Knochen zu verletzen. Schottischer Humor, weiß ich seitdem, kann sehr rauh sein.

Die Wunde war schmerzhaft und hinderte mich daran, mit meinen Kameraden den Berg hinab stiftenzugehen, als im Morgengrauen die Tommies mit erheblicher Verstärkung angriffen. Ich hob meine Hände – im Liegen – über den Kopf und kramte mein bestes Schulenglisch zusammen, kam jedoch nicht dazu, *Don't shoot, I'm wounded* zu sagen, denn kaum ein Feind dürfte jemals auf irgendeinem Kriegsschauplatz mit größerem Hallo begrüßt worden sein als ich. Man betrachtete mich als alten Bekannten und lieferte mich auf dem nächsten Hauptverbandsplatz ab. Dort haben mich meine Freund-Feinde täglich besucht, bis ihre Einheit verlegt wurde.

Zu meinem 21. Geburtstag schleppten sie einen Kanister mit tunesischem Landwein an, und wir, die Mitverwundeten in meinem Zelt und die Glaswegians, sangen bis tief in die Nacht wechselseitig deutsche und englische Lieder. Damals habe ich zum erstenmal mein schottisches Lieblingslied von den *Bonnie, bonnie banks of Loch Lomond* gehört. Als man von uns das Deutschlandlied verlangte, zögerten wir, wurden aber schottischerseits angefeuert: »Los, singt! Und möglichst laut, dann ärgern sich die Engländer!« Was ich damals noch nicht begriff, denn als bravem Deutschen war mir ein Unterschied zwischen Schotten und Engländern unbekannt geblieben. Wenn ich an meinen 21. Geburtstag zurückdenke, denke ich nicht an Afrika, sondern an Schottland.

Den größten Teil meiner Gefangenschaft verbrachte ich dann in den USA, wurde aber nach Kriegsende nicht gleich entlassen, sondern mit vielen anderen, denen es ähnlich ergangen war, nach Großbritannien geschickt. Es muß alles seine Ordnung haben; Briten hatten uns schließlich am Ende gefangengenommen.

In meinem Fall hat man das anscheinend besonders wörtlich genommen, denn ich kam in ein Lager am Nordrand von Glasgow.

Dort fühlte ich mich bald wohl, weil es uns zu meinem Erstaunen gestattet wurde, das Lager – das nicht einmal mit Stacheldraht umzäunt war – nach Arbeitsschluß zu verlassen, und zwar auf zwei Meilen im Umkreis. Die Schotten haben im Verlauf ihrer Geschichte so viele Kriege verloren, daß sie sich in die Gefühle von Unterlegenen besser hineindenken können als andere Völker. Sie sahen uns jedenfalls als ganz normale Menschen an, wie es eben andere auch sind, und das werde ich speziell den Glaswegians nie vergessen.

An dem Pub, der innerhalb der Zweimeilenzone lag, bin ich kürzlich wieder vorbeigegangen. Er war leider geschlossen; in ihm habe ich so manchen Abend verbracht, zuweilen sogar in fröhlicher Runde und immer von irgend jemand eingeladen, denn ich hatte ja nur – draußen ungültiges – Lagergeld. Das Bier war dünn, und der Kaffee wurde damals aus gebrannten Eicheln gebraut, aber die Leute waren freundlich. Ich begann sogar langsam, ihr merkwürdiges Englisch zu verstehen, wenn mir einer einen *wee dram* (»Was, bitte schön?«) spendieren wollte, einen kleinen Schluck. Eines Abends beim Spazierengehen hatte mich ein Herr angesprochen und kurzerhand in die Kneipe mitgenommen (er trug übrigens einen Kilt). Alleine hätte ich mich nie hineingewagt.

Nicht ganz zwei Meilen entfernt lag auch, zur anderen Seite hin, eine Burgruine, deren Namen ich nie in Erfahrung bringen konnte. Sie soll inzwischen abgerissen worden sein, ein Opfer der bauwütigen siebziger Jahre. Das Gelände des ehemaligen Lagers ist übrigens zu einer Sportarena, die Gegend um die Burgruine zum Hochhausstadtteil ungestaltet worden. Damals war sie noch einsam und verträumt. Das Land begann unmittelbar an der Stadtgrenze.

Ich ging gerne zur Burgruine, wenn ich alleine sein wollte, zum Lesen oder Schreiben. Oft hörte ich in der Abenddämmerung von ferne das melancholische Wehklagen eines Dudelsacks. Er wurde, wie ich später durch Zufall erfuhr, von jemand gespielt, der im Freien, in der Heide, übte, um seine Nachbarn nicht zu stören. Schotten können also auch durchaus rücksichtsvoll sein. Damals habe ich Schottland kennengelernt, und es bedeutet für mich seitdem in erster Linie einen frühen Abend mit gewaltigen Wolken, die von See her aufsteigen, letzte Sonnenstrahlen auf einem Meer von blühendem Heidekraut, rostrot, und über allem, ganz natürlich dazugehörend, einen Klang, pausenlos in seiner Abfolge, der alles enthält, was man an Freud und Leid erfahren kann; er scheint aus dem Land selbst zu kommen.

Mit den Verächtern des Dudelsacks, zu denen auch viele Schotten zählen, gehe ich seither nicht einig. Ich. halte den Dudelsack – eigentlich ja die Sackpfeife, *bagpipe* – für eines der poetischsten Instrumente, die es gibt. Und wenn einer von »unerträglichem Gequäke« spricht, kann ich richtig böse werden.

Das tun, wie gesagt, auch manche Schotten. Der Dudelsack soll ja ursprünglich aus Irland stammen, und ein alter Schottenwitz will wissen, die Iren hätten es den Schotten aus – eben – Witz geschenkt, nur hätten die Schotten den Witz bis heute nicht verstanden. Aber das ist natürlich Unsinn. Es stimmt auch nicht, daß man mit Dudelsackmusik den Feind zu erschrecken versuchte. Zwar sind noch im Krimkrieg die schottischen Regimenter unter den auf der *bagpipe* gespielten Klängen von

Cock o' the North in die Schlacht gezogen, aber daß *pipers* am Hof des Königs ihre Kunst auf friedliche Weise übten, ist schon für das Jahr 1362 belegt.

Obwohl zumindest die Highland-Pipe nur neun Noten besitzt – von A bis A mit einem zusätzlichen G –, lassen sich auf ihr, nicht zuletzt unterstützt durch die tief dröhnenden Bordunpfeifen, die kompliziertesten Melodien spielen. Die klassischen sind in einer eigenen Notation, einer Aufzeichnung in Notenschrift, namens *Cannlaireacha* zusammengestellt. Spielt man den irischen Dudelsack im Sitzen, so den schottischen nur im Stehen oder Gehen, was an der größten Bordunpfeife (*drone*) liegt, die man dem Instrument im Hochland beigefügt hat. Wer sich ernsthaft Dudelsackmusik anhören möchte, möge darauf achten, daß jedes Stück aus drei Teilen besteht, wobei jeder Teil zweimal erklingt, ehe der nächste beginnt. Die Dudelsackmusik ist keineswegs ein improvisiertes Gedudel, sondern sie unterliegt festen Regeln, die eisern eingehalten werden müssen. Es handelt sich freilich um ein Freiluftinstrument. In geschlossenen Räumen kann es auch für mein Gefühl unerträglich in den Ohren dröhnen.

Der schottischen Trivialfolklore zufolge soll McNab ein Wochenende in einem Londoner Hotel zugebracht haben und sehr enttäuscht zurückgekommen sein. »Dieses ewige Geklopfe und Gehämmere nachts an meiner Tür!« sagte er. »Sogar an die Decke und den Fußboden haben sie geklopft. Manchmal konnte ich nicht einmal meine eigene Bagpipe hören!«

»Musik wird störend oft empfunden ...« Und daß der Dudelsack keine Geräusche von sich gibt, werden selbst Wohlmeinende nicht behaupten können.

Ihm haftet auch, zweifellos, etwas Martialisches an, so traurig er oft klingen mag. Berühmt der Dudelsackspieler Findlater, der beim Sturm der Gordon Highlanders auf die Hügel von Dargai in Afghanistan 1897 weiterspielte, obwohl er schwer verwundet worden war.

In den schönen alten Liedern und Balladen, die aus dem Hochland stammen, spielt nicht der Krieg die Hauptrolle, sondern die Liebe. Was sie betrifft, so ist von den Schotten zu sagen, daß sie große Liebhaber sind. Der Titel einer selbstkritischen Komödie, die in London jahrzehntelang Erfolg hatte, *No sex, please, we're British*, trifft auf sie jedenfalls nicht zu. Daß sie außerdem monogam – also treu – sein sollen, macht sie überdies zu vorbildlichen Ehemännern und Familienvätern, wofür ich freilich nicht in allen Fällen meine Hand ins Feuer legen möchte. Ihre Volkslieder, selbst die vom Krieg, enden jedenfalls allemal als Liebeslied, was ihnen einen beinahe pazifistischen Zug verleiht.

Schottland, zumindest das nördliche, war jahrhundertelang, traurig zu sagen, ein Land menschlichen Exports. Wichtigster Exportartikel waren Soldaten. Sie kämpften, wie es in einem Lied, selbstredend einem Liebeslied, heißt, »nicht für König, nicht fürs Land, für dich allein, Mary Jane«. Wenn der Sänger Alastair McDonald *Mary Jane* ankündigt, dann meist in einem längeren Vorspruch mit vielen rollenden »R«s, in dem es heißt: »Wen haben wir im Laufe der Geschichte nicht schon alles bekämpft! Mit den Engländern die Deutschen. Mit den Franzosen die Engländer. Mit den Engländern die Franzosen. Mit den Arabern die Türken. Und mit dem Zaren von Rußland den Rest der Welt!«

Die Schotten waren gute und sogar gefürchtete Soldaten, die für den Sold, aber ohne Patriotismus kämpften, allein der Heimat und dem dort verbliebenen Mädchen verbunden. Schon im Medjez-el-Bab war ich erstaunt, mit welcher Selbstverständlichkeit Schotten in ihren Liedern betonen, daß ihnen König und Great Britain gleichgültig seien.

Auch die *Bonnie Banks of Loch Lomond*, die meist als verklärte Lobpreisung auf den wohl schönsten schottischen See gesungen werden, haben einen traurigen Hintergrund. Das Lied erzählt von zwei gepreßten jungen Soldaten, die in Carlisle, unmittelbar an der schottischen Grenze, gefangengehalten werden. Der eine wurde zum Tode verurteilt, weil er zu desertieren versuchte, und wartet auf seine Hinrichtung. Der andere wurde freigesprochen und verabschiedet sich nun von seinem Kameraden. Der Erzähler ist der Todeskandidat:

> O ye'll tak' the high road and I'll tak' the low road
> And I'll be in Scotland afore ye.
> But me and my true love will never meet again,
> On the bonnie, bonnie banks o' Loch Lomond.

Der Freigesprochene wird die Highroad, die Landstraße nach Schottland, einschlagen, der andere die *low road*, was auf eine alte keltische Überlieferung zurückgeht. Ihr zufolge, kehren die Seelen verstorbener Schotten aus dem Ausland unterirdisch in die heimatlichen Berge zurück.

Viele Lieder handeln von Highlanders, *who soldiered far away*. Bezeichnenderweise läßt sich das Wort Soldat im schottischen Sprachgebrauch auch als Verbum verwenden – oft genug muß man in der Ferne »herumsoldaten«.

So jener *Scottish Soldier*, der »die grünen Hügel« von Tirol zwar ganz hübsch findet, aber doch nicht befriedigend:

> Because these green hills are not Highland hills,
> Or the island hills they're not my land's hills!
> And fair as these green foreign hills may be,
> They are not the hills of home.

Als der Schriftsteller und Wissenschaftler Havelock Ellis (1859–1939), sich als Genieforscher betätigend, aus dem *Lexikon der nationalen Biographien* für eine »Studie über den britischen Genius« alle Genies heraussuchte und auflistete, stellte er zu seinem Erstaunen fest, daß die Schotten in seiner Zusammenstellung überprozentual vertreten waren. Sie bilden nur zehn Prozent der britischen Bevölkerung, haben aber 15,4 Prozent aller britischen Genies hervorgebracht.

Ein großer Komponist war nicht dabei.

Schottlands Liebeslieder sind anonym verfaßt (falls der Text nicht von Robert Burns stammt). Und der Dudelsack erklingt immer noch am besten in der Einsamkeit des Hochlands. Im Gegensatz zu anderen schottischen Erzeugnissen wie Telefon, Penicillin und Whisky hat er sich als nicht exportierbar erwiesen.

Wie manche Schotten hinzufügen: zum Glück!

Im Tal von Glencoe

Nirgendwo scheinen die Highlands düsterer als im Tal von Glencoe an der Westküste Schottlands, nicht weit von Fort William. Das Tal verläuft, zwischen steilen Berghängen eingezwängt, von Ost nach West; und es läßt sich nur von Ost nach West erreichen. Auch die Autostraße führt ohne Abzweigung das Tal entlang von Rannoch Moor im Osten nach Loch Levenside im Westen. Die unwegsamen Pässe nach Norden und Süden waren früher nur für einheimische Hochländer und sind heute nur Bergsteigern zugänglich, von denen alljährlich hier einige zu Tode stürzen. Die Grate sind schroff und gelten als schwierig.

Die Berggruppe, die sich direkt an der A 82 erhebt, wird in den Reiseprospekten verniedlichend »Die drei Schwestern von Glencoe« genannt. Ihre gälischen Namen klingen gefährlicher und ihnen angemessener: Buachaille Etive Mor, Bidean nam Bian und Aonach Eagach. Sie sind nicht so hoch wie der nahe Ben Nevis, mit 1343 Metern der höchste Berg Großbritanniens, aber wilder, schwärzer, zerklüfteter.

Das Tal von Glencoe wird oft mit einem Arm verglichen, der am Ellenbogen leicht eingeknickt ist. Der Historiker Thomas B. Macaulay übersetzte den Namen als *The Glen of Weeping*, das Tal der Tränen. In Wirklichkeit hieß es aber wohl »Tal der Hunde«; als solches haben es die Barden des Clans MacDonald besungen. Die MacDonalds, Herren über dieses schwer zugängliche Land, waren zwar rauhe Gesellen, aber doch den Künsten zugetan, vor allem dem Gesang und der Dichtung. Ossian hat hier seine Lieder gesungen, der echte, von dem keine Zeile erhalten blieb, nicht der Romantiker Macpherson, der sich später als Ossian ausgab.

Wer vom Schicksal der MacDonalds weiß, den schaudert es wohl heute noch in diesem zwölf Kilometer langen Tal, dem Schauplatz eines der finstersten Massaker der schottischen Geschichte. Nicht einmal die »Glen Coe Slopes« mit ihren zwei Sessel- und drei Schppliften sowie Skipisten bis zu 1100 Metern können den Eindruck abmildern. Macaulay war nicht schlecht beraten, als er Glencoe ein Tal der Tränen nannte. Hier begann der Niedergang der Highlander, hier verfing sich ein ganzer Clan unheilvoll in den Netzen der schottischen und britischen Geschichte. Glencoe ist zum Symbol schottischer Zwietracht und Unterlegenheit geworden. Die Morde geschahen sowohl aus Urhaß zwischen Clan-Familien als auch aus Londoner Staatsräson. Ein gälischer Nationalstolz war danach, wie wohl vom König beabsichtigt und eingeplant, nicht mehr möglich.

Beim König handelte es sich um ein Königspaar, das – am Ende stammt der Feminismus aus England – gleichberechtigt auf dem Thron saß. Wilhelm III. von Oranien, der 1677 die Tochter James' II., Maria, geheiratet hatte, war ins Land geholt worden, um seinen Schwiegervater zu ersetzen, was er 1689 tat. Er bestand allerdings auf einem Doppelkönigtum, das als *Reign of*

William and Mary in die Geschichte Großbritanniens eingegangen ist.

King William war ein maßvoller Mann, mit Ausnahme seiner (und ihrer) Politik gegenüber Schottland. Da lebten im hohen Norden immer noch jene rothaarigen Barbaren, vor denen selbst sich die Lowlander fürchteten, Viehräuber, untereinander zerstritten, lästige Störenfriede. Sie ließen sich vom Privy Council, dem Kronrat, aus der Ferne nur mit *Letters of Fire and Sword* regieren. Das Privy Council war eine Vorform des heutigen Kabinetts, die Feuer-und-Schwert-Briefe, Strafaktionen, führte aus, wer sich gerade anbot von den schottischen *lairds* (Herren).

Die Strafzüge glichen bald Genoziden, Völkermorden. 1603 wurden die MacGregors in die Acht getan, enteignet, vertrieben, und jedem Hochländer wurde bei Todesstrafe verboten, in Zukunft den Namen MacGregor zu tragen, eingeschlossen »die Kinder und ungeborenen Kindeskinder« der Familie. Die MacGregors ließen sich davon nicht abschrecken. Innerhalb eines Jahres wurden 36 von ihnen, die sich stolz weiterhin so nannten, verurteilt und gehängt.

Auch König William beschloß, ein Exempel zu statuieren. Er erließ den Befehl, daß innerhalb einer bestimmten Frist jeder Clan-Fürst in den Highlands einen Treueid auf das Königspaar abzulegen habe. Was die meisten taten (ohne sich ernsthaft daran zu halten), nur Alasdair MacDonald nicht, der zwölfte Chief of Glencoe, ein rothaariger Hüne, der ausgesehen haben muß wie ein Nachfahre der sagenhaften, gleichfalls rothaarigen Fingalsriesen, die das Tal einst bewohnt haben sollen. Dabei war er kein ungebildeter Mann, hatte seine

Jugend in Paris zugebracht, wohin es Schotten immer zog. Nach dem Tode seines Vaters zurückgekehrt, herrschte er freilich, zugleich weich und jähzornig wie viele Schotten, unumschränkt auf Glencoe.

Seinem Treueeid standen weniger Hochlandstolz oder Abneigung gegen die britische Krone entgegen als die Tatsache, daß er diesen in Inveraray abzulegen hatte, einer Stadt, die zum Campbell-Clan gehörte, den Erzfeinden der MacDonalds. Unvergessen die Schlacht am Ston a'Clachain, dem Steinhügel, 50 Jahre zuvor, als die MacDonalds 36 Campbells getötet und 21 verwundet hatten. Es ging um geraubtes, kurzbeiniges, pechrabenschwarzes Hochlandvieh mit gewaltigen spitzen Hörnern, das den Reichtum der Gegend ausmachte.

Die MacDonalds waren keine Unschuldslämmer. Ein Vorfahr Alasdairs, Big Archibald, berichtet John Dewar, so etwas wie ein früher Chronist der Grafschaft Argyll (die heute zur Region Strathclyde gehört), sei eines Tages auf einem Gebirgsweg einem Lowlander begegnet und habe diesen mit einem freundlichen *Beannachd Dhia, a dhuine!* begrüßt, was ungefähr einem »Gott grüß Sie, werter Herr!« entspricht. Der Fremde, des Gälischen nicht mächtig, habe geantwortet, ja, es sei heute ein besonders schöner Tag. »Dummer Mensch!« soll Big Archibalds Antwort gewesen sein, »du verachtest Gottes Segen!« Damit streckte er den Mann nieder, nahm Schuhe, Muskete und Geld des Toten an sich und zog seines Weges.

Ein mehr oder weniger gesetzloses Land. Aber auch ein gepeinigtes, das allein und in Frieden gelassen werden wollte. Man spürte die Verachtung aus dem Süden und brachte nun diesem *vice versa* Verachtung und Haß entgegen. Einmal in Gang gesetzt, werden Haß und Gegenhaß zur Schraube ohne Ende. Big Archibald mag sich nicht einmal als Mörder gefühlt haben.

Den demütigenden Gang nach Inveraray hat Alasdair MacDonald schließlich doch angetreten. Er soll in Tränen ausgebrochen sein, als man ihm dort verkündete, die Frist sei abgelaufen. Das Schicksal des MacGregor-Clans stand ihm noch vor Augen.

Des Königs Feuer-und-Schwert-Aktion erfolgte dann auch binnen kürzester Frist. Warum sie derart heimtückisch ausgeführt worden ist, weiß man nicht, aber wahrscheinlich ging es um die endgültige Diskriminierung der Hochland-Clans und ihrer Chiefs. An der Spitze seines Argyll-Regiments begab sich der Highlander Robert Campbell nach Glencoe mit dem ausdrücklichen Befehl, dort Quartier zu nehmen, sich mit den MacDonalds anzufreunden und dann jeden Angehörigen des Clans, der jünger als 70 Jahre sei, über die Klinge springen zu lassen.

Was auch geschah. Am 13. Februar 1692 um fünf Uhr morgens ermordeten die Campbells ihre ahnungslosen Gastgeber, Frauen und Kinder darunter, 38 an der Zahl. Wer flüchten konnte, meist barfuß und im Nachtgewand, erfror im tiefen Schnee des Tals der Tränen oder der Hunde.

Die Nachricht von diesem Gemetzel, von französischen Gazetten in alle Welt verbreitet, erregte nicht nur im Hochland, sondern auch in den Lowlands und in London Entsetzen. Die Popularität, deren sich King William und Queen Mary bis dahin erfreut hatten, schwand blitzartig dahin. Aber ebenso schwand die Ehre der Highland-Clans. Daß der eine den anderen unter

Verletzung der Gastfreundschaft hinterrücks ermordete – nach gälischem Gesetz das schlimmste Verbrechen überhaupt –, war nicht aus der Welt zu schaffen.

Der König mußte eine Kommission einsetzen, die den Massenmord untersuchen sollte. Da deren Vorsitzender, der Herzog von Hamilton, im darauffolgenden Jahr starb, verlief die Untersuchung im Sande. Zur Rechenschaft gezogen wurde keiner der Beteiligten, nur ein Sündenbock gefunden im damaligen Schottland-Minister Sir John Dalrymple, der angeblich die königliche Order durch den Zusatz: »Die Regierung erwartet, nicht mit Gefangenen belästigt zu werden«, ungebührlich und eigenmächtig verschärft haben soll. Er mußte zurücktreten.

Noch Königin Viktoria schrieb, nachdem sie im Tal von Glencoe gepicknickt und die Überreste der zerstörten Häuser gesehen hatte, in einem Brief: »Ich hoffe nur, daß William III. nichts davon gewußt hat!« Sie war erschüttert, das Picknick verdorben. Die Tränen, die sie vergoß, dürften echt gewesen sein. In Glencoe begann Schottlands Niedergang. Aber es sollte noch schlimmer kommen.

Der *Lament o' Glencoe* ist eine der traurigsten und ergreifendsten schottischen Dudelsackmelodien. Er greift ans Herz, selbst wenn er heute an Ort und Stelle hauptsächlich den Touristen zur melancholischen Einstimmung aufgespielt wird.

Der zweite Schicksalsort: Culloden Moor

Zusammenwachsen – die Deutschen sollten es wissen – gehört zu den schwierigsten historischen Aufgaben, selbst unter Stammverwandten. Das waren die keltischen Schotten und die angelsächsischen Engländer aber nicht einmal.

Die Rivalität oder sogar der Kampf zwischen Nord und Süd ist zweifellos zugunsten des Südens ausgegangen. Er dominiert nach Kopfzahl, Bevölkerungsdichte und, nicht zuletzt, Wirtschaftskraft Großbritannien.

Aber es sind Narben zurückgeblieben. Wer sich für Geschichte, die eigene und die fremder Völker, interessiert, kann sie in Schottland besser erfahren als sonstwo. Die Erinnerungsorte mögen nicht immer – wie das Tal von Glencoe – touristische Attraktionen erster Güte sein, sind aber oft weit eindrucksvoller als diese. Wen es zu Loch Ness treibt, der wird ganz bestimmt nicht dem Ungeheuer begegnen, wohl aber im Culloden Moor auf eine jener sichtbaren historischen Narben stoßen. Sie durchziehen viele Länder – Belgien, Spanien, nicht zuletzt Deutschland –, wenn auch selten derart sichtbar wie hier. Nur die Schweiz hat es anscheinend verstanden, ohne Knirschen drei oder vier unterschiedliche Volksteile und sogar Sprachgruppen unter einen Hut zu bringen.

Culloden, einige Meilen von Inverness entfernt. Das Hochmoor mit dem weiten Blick auf den Moray Firth ist düster und vermoost – wie sein Name klingt, der sich wie »K'lodden« ausspricht. Hier endete die schottische Geschichte endgültig und wiederum in einem Gemetzel, welches dasjenige von Glencoe noch in den Schatten stellt.

Man hat das Schlachtfeld in seinem ursprünglichen Zustand belassen: ein erlenbestandenes Brachland, das sich, sumpfig und struppig, aber von gangbaren Wegen durchzogen, meilenweit hinstreckt und das man abwandern kann, wie es dem Verlauf der Schlacht entspricht.

Das heißt: Die zum guten Teil mit EG-Mitteln durchgeführte Verschandelung der britischen Landschaft durch immer neue Autostraßen hat sich auch schon hier oben durchgesetzt. Quer durch das – allerdings riesige – Terrain zieht sich neuerdings die B 9006, was zwar die Fahrzeiten hierher verkürzt, aber pietätlos das Schlachtfeld in zwei Teile gespalten hat. Der gewaltige Felsbrocken, von dem aus der Herzog von Cumberland der Schlacht zugesehen haben soll, ist daher nur schwer zu finden. Am einfachsten haben es Autofahrer; sie können, wenn sie Culloden in Richtung Cawdor verlassen, kurz am Stein, der jetzt direkt an der Straße liegt, anhalten und ihn betrachten.

Gegenüber standen sich hier am 16. April 1746 zwei Heere unter extrem jungen Feldherren, die beide die Sache ihrer leiblichen Väter vertraten. Eine strahlende, romantische Erscheinung der eine, Prinz Charles Edward Stuart, 26 Jahre alt, in Rom, in der Emigration geboren und von den Berglandschotten als Bonnie Prince Charles heiß geliebt und verehrt. Im Gegensatz zu ihm ist sein Gegner, der schon mit 25 Jahren fettleibige und sadistische Herzog von Cumberland, ein Sohn Georgs II. aus dem Hause Hannover, als heimtückischer Schurke und *The Butcher*, der Schlächter, in die Geschichte eingegangen. Kein Drehbuchautor hätte sich seine Haupthelden besser ausdenken können. Im Eingang des Battle Museum stehen sich die beiden Widersacher, in Wachs nachgebildet, einander weiterhin gegenüber.

Nur von sieben Getreuen begleitet, war Bonnie Prince Charlie im Jahr zuvor, aus Frankreich kommend, auf den Hebriden gelandet. Dem Clan-Fürsten Donald Cameron of Lochiel, der ihm empfahl, doch lieber nach Hause zurückzukehren, setzte er das stolze Wort entgegen: »Ich bin hier zu Hause, Sir!« Die Camerons wurden seine treuesten Gefolgsleute.

Was sie später büßen sollten. Donald Camerons Bruder hatte sofort gewarnt, man möge mit dem jungen Stuart-Prinzen nur schriftlich verkehren, »denn wenn er dir erst einmal in die Augen sieht, wirst du alles tun, was er will«.

Herkunft, Charme, Überredungskunst sowie dunkle Stuart-Augen vermochten tatsächlich, viele, wenn auch beileibe nicht alle traditionellen Clans davon zu überzeugen, daß sein exilierter Vater, Nachfahr des von dem Oranier abgesetzten James II., der rechtmäßige König und er, Bonnie Prince Charlie, der eigentliche Prince of Wales sei. Die Jakobiten, so genannt nach der lateinischen Fassung des Namens James, Jakobus, schöpften neue Hoffnung. Sie hatten schon 60 Jahre zuvor, in der Schlacht bei Killiecranky, vergeblich für eine Rückkehr der katholischen Stuarts auf den britischen Königsthron gekämpft. Der charismatische *Young Pretender* (Kronprätendent) entflammte erneut das schon fast erloschene Feuer. Aus allen Teilen des Hochlands strömten die von den Clan-Fürsten rekrutierten Mannen zusammen, viele von ihnen unwillig und gezwungen, aber doch robust und kampferfahren.

Der Siegeszug, den das rohe und ungeschliffene Nordheer antrat, war atemberaubend. Es erreichte sogar fast London, es drang nämlich bis Derby vor. Schon packten Georg II. und sein Hofkomponist George Frederice Handel (unser Händel) ihre Sachen, um ins heimische Hannover zurückzukehren, da machte Bonnie Prince Charlie, oder vielmehr sein General, Lord Murray, plötzlich kehrt. 5000 Mann zu Fuß und 600 zu Pferd – so strömten die Schotten heimwehkrank gen Norden zurück, der Prinz nicht mehr zu Fuß unter seinen Leuten, sondern melancholisch auf einem schwarzen Pferd reitend. Am 20. Dezember watete man eilends bei Hochflut durch die Esk und entzündete Freudenfeuer, an denen man sich, wilde schottische Reels tanzend, trocknete. Man war endlich wieder zu Hause. Da man hier jeden Weg und Steg kannte, verkrümelten sich Tausende, oft mitsamt ihren Clan-Fürsten, in die *bonnie, bonnie hills* ihrer Heimat.

Zurück blieb ein dezimiertes Heer, das nun der eilig anrückenden Armee des Herzogs von Cumberland gegenüberstand. Hätte auch Charles Edward Stuart alias Bonnie Prince Charlie um ein Haar den britischen Thron für seinen Vater und damit Schottland zurückerobert – was die britische Geschichte vermutlich gehörig verändert hätte –, so war er doch den ihm unbekannten Problemen und Eigenarten der Insel und dem Verhältnis zwischen Schotten und Engländern, Jakobiten und Antijakobiten, Schotten und Schotten am Ende nicht gewachsen. Er mag charmant gewesen sein und leidenschaftlich, eine Erscheinung wie aus einem Märchenbuch. Der bessere Feldherr war Cumberland, übrigens ein entfernter Vetter von ihm.

Cumberland hatte seine Truppen und seinen Nachschub exakt organisiert. Er fand auch im Culloden Moor die günstigere Ausgangsposition. Für die berggewohnten Schotten bot ein pfannkuchenplattes Gelände wenig Möglichkeiten zur Entfaltung, um so mehr, als der Befehlshaber der Schotten einen Standort gewählt hatte, der sie zwang, bergaufwärts anzugreifen. Die Jakobiten waren überdies erschöpft durch einen sinnlosen Nachtmarsch und hungrig, weil Verpflegung ebensowenig vorhanden war wie ein Schlachtplan. Lord Murray machte sogar den Fehler, die MacDonalds am linken Flügel zu plazieren, obwohl ihnen seit König Robert the Bruce (1306–1329) der rechte Flügel zustand.

Cumberlands 9000 Mann dagegen waren wohlausgeruht und gut verpflegt. Mit aufgepflanzten Bajonetten gingen sie vor, angefeuert sogar durch Dudelsäcke des stets königstreuen Campbell-Clans. Die ungleiche Schlacht dauerte nur 25 Minuten, da hatten Cumberlands Truppen das schottische Heer zusammengeschlagen und mit ihren Kanonen zusammengeschossen.

Es begann ein fürchterliches Blutbad, das die Bäche, die Culloden Moor durchfließen, tagelang rot färbte. Gefangene wurden nicht gemacht. Cumberland ließ alles niedermetzeln, sogar die Zuschauer, unter ihnen Frauen und Kinder, die sich, wie damals üblich, am Rande des Schlachtfelds eingefunden hatten. Verwundete wurden in eine Strohdachkate geschleppt, die er anzünden ließ. Oder sie blieben hilflos im Moor liegen und starben einen qualvollen, langsamen Tod. Selbst die Leichen wurden zunächst nicht begraben, sondern an Ort und Stelle zur Abschreckung liegengelassen.

Bonnie Prince Charlie floh. Er hatte zwar »den festen Entschluß gefaßt, zu siegen oder zu sterben und so lange auszuhalten, wie auch nur ein einziger tapferer Mann mir zur Seite steht«. Aber als sein irischer Freund O'Sullivan ihn mit den klassischen Worten *All is going to pot* zur Seite riß, was dem deutschen »Es ist alles im Eimer« entspricht, gab er doch Fersengeld. Cumberlands Truppen morden weiter in den Tälern der jakobitischen Clans. Ein entsetzliches Massaker, das alle traf: die Camerons – sie wurden nahezu ausgerottet –, die MacDonalds, MacLeods, die Appin Stewards, der Clan Chattan. Ihre Namen sind in die einfachen, roh behauenen Granitsteine der Massengräber im Moor eingeritzt.

Verboten wurden die schottische Volkstracht, die gälische Sprache, der Kilt und sogar der Dudelsack, der doch den Königstreuen zum Sieg aufgespielt hatte. Ein Schlag, von dem sich die schottische Kultur nie wieder ganz erholt hat. Auch das Schicksal der Clans als solcher war besiegelt. Im Blutbad von Culloden ging das alte schottische Hochland zugrunde. Oder, für den, der es umgekehrt und positiv betrachten möchte: begann die Eingemeindung Schottlands in Großbritannien. Ein historischer Abschnitt.

Bonnie Prince Charlie floh unstet durch die Highlands, bis zurück auf die Hebriden.

> Speed, bonnie boat, like a bird an the wing
> Onward, the sailors cry,
> Carry the lad, that's born to be king
> Over the sea to Skye

heißt es im traurigen *Skye Boat Song*. Auf der nebelumwaberten Insel Skye verbarg man ihn drei Monate lang in Höhlen und Berghütten. Er floh von Insel zu Insel, wobei ihm selbst Clans Unterschlupf gewährten, die auf seiten König Georgs gestanden und für ihn gekämpft hatten. Ein Verräter fand sich nicht im schottischen Hochland, obwohl auf den Kopf des Stuarts 30 000 Pfund Sterling ausgesetzt worden waren, eine damals geradezu ungeheuerliche Summe.

Flora MacDonald, die unvergessene Hochland-Heroine, schmuggelte den Prinzen, in Frauenkleider gesteckt und als Kammerzofe getarnt, auf ein französisches Schiff, die »L'Heureux«, die vor der Insel Mallaig auf ihn wartete und ihn zurückbrachte nach Paris und Rom.

Schottland hat ihn, und er hat Schottland nie wiedergesehen. Sein Andenken blieb im hohen Norden treu und romantisch bewahrt. Traurig zu sagen, daß Charlie sich nie bei Flora MacDonald auch nur bedankt, geschweige denn eine Verbindung zu den Überlebenden seines Abenteuers aufgenommen hat. Dabei überlebte er es um immerhin 42 Jahre, zumeist in Rom. In der Peterskirche liegt er begraben. Den Grabstein aus Marmor hat George III. bezahlt. Antonio Canova schuf ihn, aber ergreifender sind die unbearbeiteten Feldsteine auf dem blutgetränkten Boden von Culloden.

Der herzogliche Schlächter Cumberland wurde zwar in London feierlich mit einer eigens für ihn geschaffenen

Siegeshymne von Händel empfangen, *Hail the Conquering Hero*, aber er hat nie mehr eine Schlacht gewonnen. Sein Großneffe Ernst August wurde König von Hannover, wo er alsbald die Verfassung außer Kraft setzte und die »Göttinger Sieben«, unter ihnen die Brüder Grimm, verjagte.

Flora MacDonald saß eine Weile im Londoner Tower gefangen, wurde amnestiert und wanderte später nach Amerika aus – wie so viele Schotten seit Culloden. Im Alter freilich kehrte sie auf die Insel Skye zurück, wo Dr. Johnson und sein Freund Boswell sie auf ihrer berühmten Reise aufsuchten und Johnson dasselbe Bett erhielt, in dem 29 Jahre zuvor Bonnie Prince Charlie ein paar Nächte geschlafen hatte. Flora MacDonalds Denkmal steht vor dem Castle of Inverness. Sie beschirmt ihre Augen vor der Sonne, und der treue Hund blickt zu ihr auf. Ein nüchterneres, aber eindringlicheres Denkmal hat ihr Samuel Johnson gesetzt. Ihr Name, so seine Worte, »werde in der Geschichte immer genannt werden, und wenn Mut und Treue noch als Tugend gelten, dann mit Hochachtung«.

Ich könnte verstehen, wenn Sie des vielen Blutvergießens, auf das man in Schottland stößt, auch mal müde werden. Fahren Sie mit Ihrem Wagen oder dem nächsten Bus von Inverness ein paar Meilen weiter von Culloden nach Cawdor Castle! Obwohl es sich um eine Burg des Macbeth handelt, geraten Sie nicht vom Regen in die Traufe.

Man soll nämlich Shakespeares grimmen Helden nicht unbedingt mit dem historischen Macbeth verwechseln. Bei Shakespeare trifft er in einem Moor, möglicherweise dem von Culloden, auf drei Hexen, die ihm weissagen, er werde Thane von Cawdor und dann König werden. Was ihm beides auch gelingt, letzteres durch Mord an König Duncan.

Der historische Macbeth, der um 1005 geboren sein muß, hatte mindestens ein ebenso großes Anrecht auf den Königsthron wie sein Vetter Duncan I., den er tötete. Er hat dann Schottland 17 Jahre lang nicht schlecht regiert.

Ein Thane war etwas weniger als ein Graf, gehörte aber fest zum königlichen Hof und genoß hohes Ansehen. Unter Edward I. war um 1280, zum Beispiel, die Strafe für den Mord an einem Königssohn oder Earl, also Grafen, auf 150 Stück Rindvieh angesetzt. Die Sühne für einen Thane-Mord betrug immerhin 100 Tiere. Die Thanes von Cawdor müssen einst ein mächtiges Geschlecht gewesen sein.

Wer demgemäß eine düstere Burg mit finsteren Verliesen erwartet, wird enttäuscht. Von außen sieht Cawdor Castle mit seinen festen Mauern, Zinnen und Zugbrücken zwar trutzig genug aus. Aber innen ist alles so gemütlich eingerichtet, als sei es für einen Wettbewerb »Schöner wohnen in alten Schlössern« hergerichtet, denn die Thanes of Cawdor residieren hier weiterhin. Es gibt zwar ein – nicht allzu schreckliches – Verlies, viele historische Waffen, dekorativ geordnet, und dunkle Wendeltreppen mit ausgetretenen Stufen, aber überall auch Sofas, Polstersessel und an den Wänden moderne Kunst, unter anderem eine Macbeth-Zeichnung von Salvador Dalí. Vor den altflämischen Wandteppichen liegen Zeitschriften wie *Country Life* aufgeschlagen oder die *Financial Times*, und die Küche, die man ebenfalls besichtigen kann, zeigt skandinavisches Design.

Cawdor, an die 600 Jahre alt, ist die jugendlichste und wohnlichste Burg, die ich je gesehen habe. Und ich neige dazu, der Behauptung in den Prospekten Glauben zu schenken, daß hier zwar die meisten Gespenster ihr Wesen treiben, aber alle ausnehmend freundlich und sogar lustig sind, was eher nach Noël Coward als nach Shakespeare klingt. Die Nachfahren des grimmigen Macbeth, der, wie gesagt, so grimmig nicht gewesen sein mag, haben sich mit der Moderne und damit der Integration Schottlands abgefunden und gehen mit gutem Beispiel voran in Richtung Europa. Der Eintrittspreis ist gemäßigt, das Essen in der Cafeteria gut und Cumberland Jahrhunderte weit weg.

Wie auch Bonnie Prince Charlie, der als mürrischer Trunkenbold im fernen Rom verdorben und gestorben ist. Nichts lehrreicher als Fahrten in die guten, alten Zeiten, die nie gut waren. Man kehrt aus ihnen erleichtert in die Gegenwart zurück, der das Prädikat gut und alt noch bevorsteht.

Over the sea to Skye sollten Sie allerdings auch mal fahren. Aber darüber später.

Dritte schottische Elegie:
Die Landräumung

Menschen begegnet man selten in den Highlands. Das weite Gebiet mit seinen Hügelketten, die sich endlos aneinanderreihen, scheint beherrscht von Schafen, Schafen, Schafen. Sie grasen, eingezäunt, aber anscheinend völlig freilaufend, wo immer Gras wächst. Noch am fernsten Horizont und auf den höchsten Gipfeln sieht man sie als winzige weiße Pünktchen – einer der Reichtümer dieses spärlich bevölkerten Landstrichs.

Die Schafe lernt man bald nach zwei Arten oder Rassen unterscheiden: solche mit weißen und solche mit schwarzen Köpfen. Beide sind sie wetterhart, eigens für das Hochland gezüchtet. Und beide haben sie diesem nicht nur Glück und Wolle gebracht, sondern es recht eigentlich auch ins Elend gestürzt. Sie sind letztlich der Grund, weshalb die Landschaft sich so menschenleer ausbreitet. Millionen von Schotten wurden aus ihrer Heimat vertrieben; man rechnet, daß heute außerhalb Schottlands dreimal so viele Menschen schottischer Herkunft leben als in Schottland selbst. Die Tiere mit den weißen, hauptsächlich aber die mit den schwarzen Köpfen sind schuld daran.

Schafe hat es in den Highlands immer gegeben, und zwar solche mit geraden, aufrechtstehenden Hörnern und verschiedenfarbigem Vlies, schwarz, weiß, grau oder braun. Sie waren wenig wetterfest, eher Haustiere, die von ihren Eigentümern Namen erhielten, auf die sie manchmal sogar gehört haben sollen, und nachts ins Haus genommen wurden, in die warme Küche. Draußen graste nur das Rindvieh, das sich besser in die Lowlands verkaufen ließ, aber ständig in der Gefahr stand, vom benachbarten Clan gestohlen zu werden. Hochlandschafe lebten weitgehend in den verräucherten Küchen der Lehmcottages.

Das änderte sich nach Culloden. Um 1760 tauchten auf den Hochlandbergen stämmigere Schafe auf, zunächst die schwarzköpfigen Lintons, eine Züchtung, die am Tweed, an der englisch-schottischen Grenze, entstanden war. Eine Rasse von widerstandsfähigen Streunern, die mühelos die höchsten Berge erkletterte, noch in den rauhesten Regionen Nahrung suchte und fand, dabei Wind und Regen trotzend. Sie schien für diese Gegend wie geschaffen, was sie ja auch war.

Den Lintons folgten die weißköpfigen Cheviots, gleichfalls eine Lowland-Neuzüchtung. Die Cheviots waren zwar wetteranfälliger und benötigten sattere Weiden, lieferten dafür aber bessere Wolle. Ihr Name stammt von den Cheviot Hills an der südlichen Grenze, in denen man sie, eine Kreuzung mit Schafrassen aus den überseeischen Kolonien, gezogen hatte. Sie verbreitete sich im Nu über das gesamte Hochland bis in den höchsten Norden und sogar auf die Inseln im Atlantik.

Hielten die Schafe also ihren Einzug ins Hochland, so das *Scottish Enlightenment*, die schottische Aufklärung, in den Lowlands. Geistig und technisch glich sie einer Talentexplosion; der Philosoph David Hume und der Nationalökonom Adam Smith bildeten nur die Spitze des

Eisbergs. Im späten 18. Jahrhundert wurde der Süden Schottlands industrialisiert, Firth of Forth und Clyde durch einen Kanal miteinander verbunden, wobei Glasgow sich auf Handel und Industrie, Edinburgh sich auf Forschung und Lehre konzentrierte. Die Universität Edinburgh galt bald als die führende im Lande und die fleißigste, arbeitsamste in ganz Großbritannien. Aus einem der ärmsten Länder Europas wurde damals ein wenn nicht reicher, so doch wohlhabender Teilstaat, dessen prosperierende Wirtschaft sich freilich auf den Süden des Landes beschränkte. Hatte noch David Hume 1752 geklagt: »Man kann vernünftigerweise nicht erwarten, daß eine Nation einen Wollstoff perfekt herzustellen in der Lage ist, die nichts von Astronomie versteht oder die die Moral vernachlässigt. Der Geist des Zeitalters beeinflußt alle Künste.«

Zum Ende des Jahrhunderts verstanden die Schotten wohl genug von Astronomie, Philosophie und Morallehre, nun fanden die in den Lowlands hergestellten Waren – Teppiche, Polstermöbel, Glas, Porzellan, Leinen, Seife und Whisky – reißenden Absatz in allen europäischen Ländern, in denen Humes und Smiths Ideen leidenschaftlich aufgenommen und diskutiert wurden.

Was sich dadurch allerdings vertiefte, war die Kluft zwischen Nord und Süd. Dem englischen Captain Burt war schon 1730, als er das Hochland bereiste, aufgefallen, daß sich in den Clans etwas Entscheidendes geändert hatte. Das Verhältnis zwischen dem Chief und seinen Leuten war nicht mehr so eng wie früher. Er wurde Zeuge, daß sich bei einem Chief eine Gruppe von Angehörigen seines Clans über den Lohn beschwerte, den er zahlte. Sixpence am Tag, während sie beim Bau der

Militärstraße von der Regierung 16 Pence bekommen könnten, eine durchaus plausible Anwendung von Adam Smiths *Wealth of Nations* in der unmittelbaren schottischen Praxis. Ihr zufolge wird die Ertragskraft menschlicher Arbeit durch gerechte Arbeitsteilung und gerechte Löhne gesteigert.

Burt berichtet, der Clan-Fürst habe die Leute verabschiedet, ohne ihnen die Hand zu geben, obwohl allen Clan-Mitgliedern beim Abschied ein Handschlag zustünde. Früher, erklärte der Fürst dem Hauptmann, hätte er derart Unbotmäßige ohne Wimpernzucken vom nächsten Felsen herabstürzen lassen. Das Clan-Wesen, in Irland, wo sich ebenfalls keltische oder gälische Traditionen erhalten hatten, schon längst verschwunden, ging auch im schottischen Hochland rapide seinem Ende entgegen.

Das alte System war unwirksam geworden, und das neue, aus dem Süden importierte System zeigte nichts als seine Schattenseiten. Aufklärung und allgemeines Erwerbstreiben, die Zauberformeln des modernen Südens, versagten kläglich im Norden. Im Gegenteil: Es schien, als würden die Highlands zu einer Kolonie der Lowlands und des restlichen Königreichs werden.

Die alten Clan-Chefs waren in Culloden gefallen, die alten Rechte mit ihnen. Freilich: Man hatte die Fürsten, die *chiefs*, die Häuptlinge nicht enteignet. Einer jüngeren Generation angehörend und entweder auf dem Kontinent, in Paris, oder in den Lowlands, in Edinburgh, erzogen, fühlten sie sich ihrem Clan weniger verbunden als ihre Väter. Im Gegenteil: Sie betrachteten das ererbte Land nun als ihr persönliches Eigentum, aus dem es größtmöglichen Profit herauszuschlagen galt. Da die herkömmlichen *crofters* nicht viel erwirtschaften konnten – sie hatten große Familien zu ernähren und waren gewohnt, von ihrem Clan-Ältesten alle nur mögliche Unterstützung zu erhalten –, fanden sie es bald unmöglich, die ständig sich erhöhenden Pachtzinsen zu zahlen. Sie mußten weichen – bitter genug, denn viele Familien saßen seit Jahrhunderten auf dem angestammten Boden –, zunächst in die unfruchtbaren oberen Berge, die primitiven Torfhütten, die sogenannten *shiels*. Aus dem einst so sorgfältig genutzten Land in den Tälern wurden Weiden, die höchst lukrativ an Schafzüchter aus dem Süden verpachtet werden konnten.

Aber auch in den *shiels* war meist des Bleibens nicht. Die Lintons und Cheviots fanden auch hoch oben genug Nahrung. Zudem boten die Krösusse unter den Lowlanders erhöhte Summen für Jagdgebiete. So wurden Wälder angepflanzt, man setzte Rotwild aus und Moorhühner – eine weitere Verbesserung der Lebensbedingungen der Großgrundbesitzer, die jeglichen Kontakt mit ihren »Familien« rasch verloren hatten.

Der Großteil der Bevölkerung lebte fortan am Rande des Existenzminimums. Ihm blieben nur Böden, die sich beim besten Willen nicht für die Schafzucht nutzen ließen. Ganze Generationen von Schotten sind unter solchen Bedingungen aufgewachsen: frierend in unheizbaren Unterkünften, ernährt nur von *kail* und Hafergrütze und stets in der Furcht, auch noch aus den elendsten Hütten vertrieben zu werden. Alles Geld, das mit Hochlandvieh erzielt werden konnte, floß in die Pachtsummen. Hatte das alte patriarchalische System den Norden Schottlands einst groß und bewundernswert gemacht – jetzt machte es ihn systematisch kaputt.

Dagegen wuchs die Bevölkerungszahl ständig, ein weiteres Problem. Mit den Schafen und reichen Leuten aus dem Süden kamen Ärzte, Medikamente, Hygiene ins Land. Den Menschen wurde zwar mehr und mehr jeglicher Raum zum Leben genommen, sie vermehrten sich aber um so stärker. Die ersten Auswanderer verließen Schottland zunächst mehr oder weniger freiwillig. Später zerrte man sie, die Ausweisungsbefehle in der Hand, oft mit Brachialgewalt auf die Schiffe. Der ehemalige Clan-Fürst, jetzt Großgrundbesitzer, bezahlte die Überfahrt für die Familien nach Kanada oder Australien, wo sie sich dann mittellos in der Wildnis ausgesetzt fanden. Man muß hinzufügen, daß viele Schotten in Nova Scotia (Neuschottland!) oder in den Siedlungen des Earl of Selkirk am Red River – heute: Manitoba – ihr Glück machten. Den Umgang mit Tieren, das Roden von Wäldern und die Einsamkeit der Berge waren sie gewohnt. Die meisten verließen jedoch nur ungern und gezwungenermaßen ihre *highland hills*. Herzzerbrechende Szenen spielten sich ab, indes sich das Hochland weiterhin mit Schafen, Schafen, Schafen füllte.

Was mit Culloden und den nachfolgenden grausamen Strafexpeditionen Cumberlands begonnen hatte, wurde durch die *highland dearances*, die Räumung des Hochlandes, vollendet. Sie zog sich über eineinhalb Jahrhunderte hin – das ganze 18. und mindestens das halbe 19. Jahrhundert hindurch –, ein qualvoll langsamer, aber unaufhaltsamer, da ökonomisch verursachter Prozeß.

Nicht, daß aus den aufgeklärten und zivilisierten Lowlands keine Hilfe gekommen wäre. Dort wohnten inzwischen die meisten Großgrundbesitzer, wenn nicht noch weiter im Süden, in England oder feudal in London. Nur schlug ihre Hilfe, merkwürdiger- oder bezeichnenderweise, fast immer ins Gegenteil aus.

Das Parlament ließ sich von dem berühmten schottischen Ingenieur Thomas Telford beraten. Er forderte in einem Gutachten den Bau neuer Straßen und Brücken sowie einen Kanal, was alles auch ausgeführt wurde. Der Caledonian Canal, 1822 erbaut, aber erst 1847 vollendet, verbindet, eine technische Meisterleistung, Inverness mit Fort William, die Ostküste mit der Westküste, in geschickter Ausnutzung dreier Seen. Handel und Wandel konnte er kaum fördern; er blieb fast unbenutzt. Zu einem Erfolg wurde er erst im 20. Jahrhundert – man kann ihn heute auf Segel- oder in gemieteten Hausbooten bequem durchfahren; er hat sogar Anschlüsse an das südliche Kanalnetz.

Die Straßen und Brücken, darunter die berühmte Bonar-Brücke, die zwei Landesteile, Ross-Shire und Sutherland, miteinander verbindet, ebenfalls schwierig zu bauen, wurden eifriger genutzt, und das weitgehend bis heute. Telfords Hochland-Straßennetz ist auf geniale Weise zeitlos angelegt. Es sorgte allerdings auch dafür, daß weitere Schafherden – zuweilen 30 000 Tiere umfassend – schneller und unbehelligter gen Norden getrieben werden konnten als bisher. Was auch für den Transport enteigneter und vertriebener Hochlandbewohner auf die Auswandererschiffe in den südlichen Häfen galt.

Am verhängnisvollsten wirkte sich jedoch eine philanthropische Idee aus, die der Gräfin Elizabeth von Sutherland kam. Sie hatte, als sie ein Jahr alt war, Dunrobin Castle – noch heute eines der schönsten Schlösser im Norden – geerbt und nahezu die Hälfte der Grafschaft Sutherland dazu. Auch sie vergab ihre Ländereien an südliche Schafzüchter, verwandte aber, eine mitleidige Seele, das Pachtgeld dazu, ihre Hochländer zu versorgen. Was sollten diese weiterhin so ärmlich in primitiven Cottages hausen, in denen es nicht einmal Kamine gab, sondern nur Löcher im Dach? Wenn es regnete, blieb der Rauch im Haus und färbte die Köpfe der Bewohner schwarz, so daß sie große Teile des Jahres herumliefen wie Neger! Und kümmerte das Vieh auf den viel zu kleinen Weideflächen nicht geradezu erbärmlich dahin? Dagegen mußte man etwas tun! Auswanderung war keine Lösung.

So baute die in Südengland beheimatete Gräfin an der Ostküste des schottischen Hochlandes hübsche neue Dörfer, bei Helmsdale, Golspie und Kilgour. Dort gab es Moorland, auf dem Kartoffeln gediehen, die Nordsee, in der man fischen, und sogar eine – gleichfalls von ihr erbaute – Tuchfabrik, in der man Arbeit finden konnte.

Elizabeth Sutherland meinte es gut, wurde aber zur meistgehaßten und verfluchten Frau Schottlands. Denn die Highlanders lebten nicht von Kartoffeln, sie zogen Hafer vor. Sie wollten auch keine Fischer werden, was weniger mit der alten Abneigung der Kelten gegen den Verzehr von Fischen zu tun hat, als mit der Tatsache, daß sich ein Hochgebirgsbauer nicht ohne weiteres zum Fischer umschulen läßt. Und was eine Fabrik war, dürfte den meisten nicht einmal klar gewesen sein. Ihre Wollsachen knüpften und spannen die Frauen selbst.

Die blauäugige Idee erwies sich als ein Schuß in den Ofen. Elizabeths Verwalter gingen – wahrscheinlich ohne ihr Wissen – brutal vor. Sie trieben die Leute zwangsweise und unter Polizeischutz gewaltsam in die

Fischerdörfer und verbrannten vorsichtshalber die zurückgelassenen Dörfer. Man erblickt deren Reste noch heute im Hochland. Als dann Krawalle ausbrachen und die Verwalter eine kranke alte Frau, die in ihrer Hütte geblieben war, mit verbrannten, kam es in Inverness zu einem Prozeß. Der betreffende Verwalter namens Sellar wurde selbstredend freigesprochen, aber die Londoner Zeitungen berichteten ausführlich darüber. Die Gräfin war entsetzt, als sie auf diese Weise erfuhr, daß man sie in Sutherland für grausam, selbstsüchtig und geldgierig hielt und allgemein als Hexe bezeichnete. Dabei hatte sie fast den letzten Penny in ihre menschenfreundlichen Pläne investiert und war am Ende selbst nahezu pleite. Undank ist der Welt Lohn, mag sie gedacht haben. In Wirklichkeit erforderten gute Taten mehr als ein empfindsames Herz, nämlich sorgsame Vorplanung.

Der Fortschritt, der darin bestand, daß sich der Norden Schottlands von Menschen leerte und mit Schafen füllte, ließ sich nicht aufhalten. Obwohl es Gegner gab. Sture Gesellen wie der legendäre Alistair Ranaldson Macdonell von Glengarry versuchten, der Entwicklung durch Aufrechterhaltung der Highland-Bräuche Paroli zu bieten. Er veranstaltete weiterhin die traditionellen und spektakulären *Highland Games*, Sportspiele, und sorgte für seinen Clan in alter Weise wie ein rechter Familienvater. Nichts konnte ihn mehr erbosen, als wenn sich jüngere Familienmitglieder auswanderungswillig zeigten. Am Ende wurden freilich alle aus Glengarry vertrieben, weil Alistair Macdonell, ganz wie der so völlig anders gearteten Gräfin Sutherland, dann doch das notwendige Geld ausging, das inzwischen die Welt regierte. Er mußte resigniert die letzten Groschen zusammenkratzen, um die Überfahrt des Restes seiner Gefolgschaft nach Kanada bezahlen zu können.

Was immer man auch tat an Gutem und Bösem: die Highlands entvölkerten sich weiterhin, und Schafe vertrieben die Menschen zu Hunderttausenden, eine Tragödie, weitgreifender noch und grausamer als die von Glencoe oder Culloden. Daß wir heute von ihr profitieren und das Hochland ebenfalls, steht auf einem anderen Blatt. In ihrer Einsamkeit und Menschenleere, auch mit ihren vielen Schafen, sind die Highlands eine der ursprünglichsten Landschaften Europas geworden und geblieben.

Als der Preis für Wolle und Hammelfleisch gegen Ende des vorigen Jahrhunderts in tiefste Tiefen fiel, war es zu spät. Die Entwicklung wurde zwar endlich aufgehalten, aber nie mehr rückgängig gemacht. Viele betrachteten das damals als eine Rache der überseeischen Highlanders an ihrer verlorenen Heimat, denn billige Lieferungen aus Kanada, Australien und Neuseeland hatten das Absacken der Welthandelspreise verursacht, und diese Produkte stammten zumeist von Farmern schottischer Herkunft.

Aber die Menschen sind geblieben, wo sie einmal waren. Und, wie man sieht, die Schafe auch. Einen Cheviotoder, noch besser, Harris-Tweed hat man in Kanada oder Australien nun doch nicht herzustellen vermocht. Qualität setzt sich eben dauerhaft durch, auch wenn sie auf perfide Weise erreicht wird. Die Opfer sind dagegen rasch vergessen.

Die größte Schafherde Europas grast auch heute auf Schottlands Fluren, und zwar um Kilconquhar in der Region Fife. Sie gehört John Cameron und besteht aus 15 000 Schafen.

Wie echt sind die Schotten?

In einem sehr hübschen Artikel über Schottland aus einer populären deutschen Zeitschrift lese ich: »Die Schotten sind sehr traditionsverbunden und lassen die heldenhaften Zeiten immer wieder aufleben. Vor allem in den Highlands, wo die ›echten‹ Schotten (rund 200 Familienclans, jeder hat seine eigenen Kiltfarben) seit Jahrhunderten ihre Burgen bewohnen.«

Dagegen Bernard Levin, der geistreiche Leitartikler, der nur bei bestimmten Themen – Schottland oder Wales – seinen Humor verlor, in der Times kurz und prägnant: *All tartans are bogus* – Alle Kiltfarben sind Schwindel.

Was ist nun wahr?

Merkwürdigerweise beides. Oder besser gesagt: Es handelt sich bei beiden Meinungsäußerungen um Halbwahrheiten. Die wunderschönen Schottenmuster stammen tatsächlich erst aus der Mitte des 19. Jahrhunderts und oft erst aus der ersten Hälfte des 20. Da ließen sich viele Familien, die nie irgendeinen Clan in den Highlands gebildet haben, von speziellen Designern einen Tartan entwerfen. Die Schotten würden es nicht dulden, daß alle Welt mit Tartanmustern umherliefe, wenn es sich um eine Tradition aus »heldenhaften Zeiten« handelte.

Aber andererseits kann man sie auch nicht als Schwindel bezeichnen. Hätte es sonst in der *Order zur Erhaltung des Friedens in den Highlands*, die nach Culloden erfolgte, geheißen: »... daß kein Mann in demjenigen Teil Großbritanniens, der Schottland genannt wird ... unter welchem Vorwand auch immer jene Kleidung tragen darf, die allgemein als Highland-Kleidung bekannt ist ...«? Die Strafe dafür war beim erstenmal auf sechs Monate Gefängnis angesetzt, beim zweitenmal auf Transportation nach Übersee für mindestens sieben Jahre. Im übrigen ein relativ mildes Strafmaß, denn in Carlisle wurde im gleichen Zeitraum ein Clan-Angehöriger hingerichtet, weil er »den Dudelsack, der als Kriegswaffe zu betrachten ist«, gespielt hatte.

Immerhin muß es ja wohl so etwas wie Clan-Tartans gegeben haben, wenn die Londoner Regierung jemanden deswegen sieben Jahre in die Verbannung schicken konnte. Das geht deutlicher noch aus jenem Eid hervor, den derselben Verordnung zufolge jeder erwachsene Highlander leisten mußte. Er war übrigens derart infam auf die schottische Seele gemünzt, daß Neil M. Gunn annimmt, kein Engländer hätte ihn derart abergläubisch formulieren können, sondern nur ein waschechter Schotte (wahrscheinlich einer aus den Lowlands). In ihm hieß es, daß man bei Gott und dem Jüngsten Gericht »weder Waffen noch Tartan tragen« wolle, »sonst mögen verdammt sein meine Arbeit, meine Familie und mein Besitz ... und ich möge als Feigling in einer Schlacht getötet werden, ohne christliches Begräbnis in einem fremden Land, weit von den Gräbern meiner Vorfahren und meiner Lieben – all das soll über mich kommen, falls ich den Eid breche«.

Einen Tartan und einen Kilt hat es also gegeben. Es gab ihn ja auch noch lange bei Balkanvölkern und, zum Beispiel, den Griechen – dort, wie auch bei den Schotten, hauptsächlich als Uniform oder Kampfanzug.

Der klassische Tartan sah anders aus, als wir ihn kennen: einfache Karomuster, meist nur zweifarbig, kräftig hervorstechend, aber keineswegs so kompliziert im Design wie heute. Es gab auch nur wenige Spielarten. Alle MacDonalds – und es gab deren an die fünfzig Familien – trugen den gleichen Tartan, und auch der Kilt war kein rockartiges Gebilde wie heute. Es handelte sich ursprünglich beim *breacan feilidh* um zwei Plaids, die auf den Boden gelegt und am Boden liegend angezogen – oder besser gesagt: angewickelt – wurden. Das untere Plaid wurde sorgfältig *kilted*, in Falten gelegt, um die Taille gewunden und mit einem Gürtel befestigt. Das Oberteil konnte sehr unterschiedlich gefaltet und angelegt werden, meist so, daß es den Rücken bedeckte und dann, über die linke Schulter nach vorn geworfen, den rechten Schwert-Arm frei ließ. Befestigt wurde es mit einer Brosche. Allerdings läßt sich der *feilidh beag* (wörtlich übersetzt: kleine Bedeckung), der rockartige Einzelkilt, auch schon 1626 – bei den Burnet of Leys – nachweisen.

Ein solches Bekleidungsstück aus einem oder zwei Tartanplaids war zugleich praktisch und unpraktisch. Unser schon erwähnter Zeitzeuge Captain Burk berichtet: »Wenn die Highlanders nachts bei kaltem, trockenem und windigem Wetter draußen in den Hügeln liegen müssen, durchtränken sie manchmal ihr Plaid in einem Fluß oder Bach, halten es dann an einem Zipfel etwas über Kopfhöhe und wickeln sich, im Kreise drehend, darin ein. Dann legen sie sich im Heidekraut nieder, wo die Feuchtigkeit und die Körperwärme einen Dampf erzeugen wie ein kochender Kessel. Die Feuchtigkeit, sagen sie, hält sie warm, indem sie den Stoff verstärkt und den Wind abhält.«

Mag sein; als Nicht-Highlander möchte man die Methode kaum ausprobieren. Beim Kampf muß die Bekleidung wenig behilflich, eher hinderlich gewesen sein, weshalb wohl auch die alten Kelten es vorzogen, nackt zu kämpfen. Über die geradezu abenteuerlichen Verkleidungen, in denen zeitweilig die Offiziere der schottischen Leibregimenter umherliefen, von denen es noch heute sieben gibt, vier davon aus den Highlands, hätten sich die Urschotten sicherlich kaputtgelacht. Sie trugen weder überdimensionale Federn auf ihren *barretts*, den heutigen Tom o'Shanters »Tammies«, noch einen *sporran* vorn zum Schutz des Gemächts. Der Dolch im Strumpf, den heute viele sogar auf eitlem geschäftlichen Empfang mit sich führen, bedeutet übrigens Krieg. Ein *skean dhu* (Kurzschwert) oder *dirk* (Dolch) galt einst als gefährliches Zeichen, wenn man es an seinem Gegenüber bemerkte.

Beantworten wir auch gleich die alte Frage nach dem, was man darunter trägt. Manche sagen: nichts. Andere behaupten: ganz gewöhnliche Unterwäsche. Wiederum liegt die Wahrheit in der Mitte. Unter einem Kilt etwas anderes zu tragen als ein *leni croich* gilt zwar als unanständig, ein *leni croich* muß heutzutage allerdings sein. *Leni croich* ist ein Hochlandhemd, das der Tradition nach mit Safran gestärkt sein muß und daher auch bei Sturmstärke 12 nicht hochschlägt.

Obwohl die Tartantracht nicht ganz aus der Öffentlichkeit verschwunden ist und sogar derzeit so etwas wie eine zumindest kleine Renaissance erlebt, seien Sie nicht enttäuscht, wenn die Mehrzahl der Schotten auf gar keinen Fall einen Kilt anziehen wird (sie würden sich lächerlich vorkommen), wie es auch viele Schotten gibt, die Tartanmuster hassen und Haggis noch nie gegessen haben. Manche Briten würden sich wundern, wenn sie erführen, daß der Durchschnittsdeutsche keine Lederhose besitzt, selten Sauerkraut ißt und niemals in seinem Leben einen Schuhplattler tanzt.

Das Verbot der Highland-Tracht wurde schon 1786 wieder aufgehoben und in ganz Schottland, auch den Lowlands, mit Dudelsackparaden gefeiert.

Ihre Volkstracht nehmen die Schotten seither auf imponierend gelassene Weise ernst, um desto mehr über sie zu spotten. Ich erspare mir hier die unzähligen, meist nicht ganz anständigen Witze darüber. Daß aus dem »typisch Schottischen« eine blühende Industrie hervorgegangen ist sowie eine mitunter auf verbissene Weise seriöse Volkstumsforschung, haben wir bereits erwähnt.

Schuld daran sind ein Schotte und eine Engländerin. Sir Walter Scott hat die Folklore in seinen Romanen oft sehr übertrieben dargestellt, und die brave Königin Viktoria hat die Romane alle mit Inbrunst gelesen. Die Tracht als solche, so gut wie ausgestorben, wurde nur von Poeten und Professoren noch erwähnt. Als die Königin ihr Hochlandschloß Balmoral erwarb, war sie daher sehr enttäuscht, daß keiner der alten Clans mehr seine Kilts trug, in den Augen der romantischen Königin unverständlicherweise. So befahl sie ihrem Hof, mit gutem Beispiel voranzugehen, und ließ sogar einen eigenen *Royal Tartan* entwerfen, der zum Vorbild wurde für alle anderen wiederaufgenommenen oder neugeschaffenen.

Man muß sich die Gesichter der Höflinge und Kammerdiener vorstellen, als sie nun zum Vergnügen der Schotten mit nackten Knien und in karierten Röcken umherlaufen mußten. Ihre Gesichter dürften sich aufgeheitert haben, als die resolute Königin den schottischen Untertanen in ihrer näheren Umgebung gleiches befahl. So wurde durch allerhöchstes Dekret eine längst vergessene, nostalgische Tracht wiedereingeführt und nach Kräften aufgemöbelt. Übrigens hatte schon George IV. einen Kilt getragen, als er 1822 Edinburgh besuchte, und sich durch die damals noch als mutig geltende Handlung viele Sympathien jenseits des Tweed erworben. Jetzt brach eine wahre Tartan- und Schottlandwelle aus. Schottenmuster, schottische Lieder, schottische Romane, nicht zuletzt schottischer Whisky wurden in ganz Großbritannien und am Ende in aller Welt populär.

Es gibt heute nicht nur 200, sondern über 600 verschiedene Tartans sowie in Comrie bei Perth eine Scottish Tartan Society, die einen jeden auf der Suche nach seinem Stamm-Clan und dem Dechiffrieren dieses oder jenes Musters zur Seite steht. Einen ähnlich weltweiten Boom hat bisher nur ein einziges Stück Volkstracht erlebt, die Baskenmütze.

Zu *kilt, plaid and sporran*, zur buntkarierten schottischen Volkstracht, gehören Dudelsackmusik und Tanz. Die Highlanders haben nicht nur ihre eigene Musik hervorgebracht oder, richtiger ausgedrückt, über Jahrhunderte hinweg erhalten, sondern auch ihre eigenen Tänze. Sie sind noch heute sehenswert, der *fling*, den eine einzige Person ausführt, meist bedächtig und erst zum Schluß wild herumwirbelnd, oder die *reels* im 4/4-, mitunter auch 6/8-Takt, bei denen die Kilts fliegen, die

Schwerter gezückt werden und die Tartans sich mischen, daß einem ganz kariert vor Augen wird. Selbst von Mädchen getanzt – die Geschlechter werden gewöhnlich getrennt gehalten –, haben die Tänze etwas Martialisches und, auch das, zuweilen Furchterregendes. Keltischer Furor flackert mitunter noch durch die abgedroschensten Versionen.

»Schottischer Tanz ist Magie«, sagt Clifford Hanley. Er wurde ja auch ursprünglich von den Kriegern erdacht, die, vor der Schlacht dem Feind ihre wilde Entschlossenheit vorführen wollten, eine Tradition, die – man sollte es nicht glauben – bis in unsere Tage reicht. Die Gordon Highlanders exerzierten einen *one-hundred-and-twenty-eightsome Reel* in Tripolis vor ihrem Einsatz gegen das deutsche Afrikakorps, wenngleich nicht vor den Augen der Rommel-Truppe, sondern für sich zum Ansporn im Offizierskasino.

Einen Tanz dieser Art gaben sie auch – kann sein, die gleiche Truppe – vor dem Herzog von Wellington zum besten, bevor die Schlacht bei Waterloo begann. Wellington, selbst gälischer, nämlich irischer Herkunft, war tief beeindruckt. »Ich habe keine Ahnung, welche Wirkung sie damit auf den Feind haben werden«, sagte er, »aber, bei Gott, mich erschrecken sie bis ins Mark!«

Es ist nicht einmal alles *bogus*, was man heutzutage gezeigt bekommt. Krieger wird man selten oder nie tanzen sehen. Aber in den Highland Games, von denen noch erzählt werden wird, kommen die Tänze manchmal ihren Ursprüngen noch nahe, auch wenn Kontinentaleuropäer den Unterschied kaum zu beurteilen vermögen. Ich kann jedem Besucher garantieren, daß er zumindest zeitweilig nicht weniger fasziniert (und erschrocken) sein wird als einst der Herzog von Wellington.

Und selbst die Volkstanzgruppen, die in manchen Highland-Hotels auftreten, haben etwas Anrührendes. Die *entertainments* in britischen Hotels halten zwar nicht immer das, was man sich gewöhnlich von »Unterhaltung« verspricht: meist spielt nur ein müder alter Mann auf der Quetschkommode. Aber ich habe in Hotels an der Speyside und in Strathpeffer Vorführungen gesehen, die folkloristisch echt schienen. Und im Endeffekt kommt es auf kleine Schnitzer nicht an. Daß auch viel touristisches Schindluder mit Kilt, Dudelsack, Reel und Fling getrieben wird, daran besteht kein Zweifel, und Bernard Levin rennt offene Türen ein.

Am begeistertsten bei Highland Games und folkloristischen Vorführungen zeigen sich zumindest die Engländer. Sie singen mit Inbrunst die alten, meist gegen ihre eigene Volksgruppe gerichteten Volksweisen mit, wie etwa den *Scottish Soldier*. Am Ende sind beide Länder schon so gut wie zusammengewachsen, und die alten Narben verschwinden langsam. Aber ein bißchen, das Gefühl hat man, ist das Verhältnis geblieben wie dasjenige der Deutschen gegen die Sinti und Roma. *Lustig ist das Zigeunerleben* haben wir immer gern gesungen und sofort die Wäsche weggehängt, wenn die lustigen Wald- und Wiesenbewohner sich blicken ließen.

Queen Anne, das letzte Stuart-Oberhaupt auf dem britischen Thron, hat 1707 die Grundlagen für eine endgültige Vereinigung Schottlands und Englands geschaffen. Das Symbol für das Vereinigte Königreich, den Union Jack, gibt es schon seit 1606, als James VI. von Schottland auch James I. von England wurde. Die Flagge kombinierte zunächst das Andreaskreuz (schräge Balken) mit dem Georgskreuz (gerade Balken).

Beliebte Quizfrage im britischen Rundfunk: Was haben Rußland und Schottland gemeinsam?

Die Antwort: Ihren Schutzheiligen, Sankt Andreas, auf englisch: Andrew.

Zu Sankt Georg, dem englischen, und Sankt Andreas, dem schottischen Schutzheiligen, trat 1801 Sankt Patrick, der Schutzheilige der Iren, was das Design etwas verwirrte, denn Patricks ebenfalls querbalkiges Kreuz wurde dem des Andreas eingefügt. Seither muß auf der linken Seite oben etwas mehr weiße Fläche über dem roten Streifen sein als unten. Was immer wieder dazu führt, daß selbst britische Truppen ihre Siegesfahnen – wie noch im Falklandkrieg – verkehrt herum hissen, was zu endlosen Leserbriefen selbst in den seriösen Tageszeitungen führt. Als der Karikaturist Lurie in der *Times* den Union Jack falsch herum zeichnete, mußte er sich in der nächsten Ausgabe öffentlich entschuldigen. Übrigens heißt der Union jack strenggenommen nur Union jack, wenn er am Bugmast eines Kriegsschiffes flattert, sonst heißt er Union Flag. Aber das hat sich in England, Wales, Nordirland und nicht zuletzt Schottland ausgebürgert.

Außerdem hißt man in Schottland mindestens noch ebensooft das weiße – eigentlich silberne – Andreaskreuz auf schwarzem Grund, das somit noch nicht vollends dem Georgskreuz im Union Jack einverleibt ist.

Geblieben sind weniger die großen als die kleinen Unterschiede zwischen England und Schottland. Aber gerade die kleinen Unterschiede können, wie wir alle wissen, die natürlichsten und daher zählebigsten, wichtigsten sein.

Wie man Munroist wird

Die schottische Landschaft, Low- wie Highlands, ist unverkennbar. Man würde sie mit keiner anderen verwechseln, nicht einmal mit dem nahen englischen Lake District.

Das liegt an den Hügeln oder Hügelketten mit ihren langgestreckten Flanken und ihren mitunter bizarr ausgeformten Gipfeln. Wenn man sich ihnen nähert – und sie lassen sich, zumindest die einfachen, einfach erwandern –, gleichen sie ruhenden Tieren. Manche tragen auf dem Rücken Zacken im Fell wie Drachen. Seit mir ein Freund sagte, sie erinnerten ihn an schlafende Dinosaurier, habe ich oft das unangenehme Gefühl, einen atmenden Berg zu besteigen.

Die anfangs so friedlichen Ungetüme gebärden sich immer finsterer, je höher man steigt. Dazu tragen die schottischen Fichten bei, die sich zwischen den aufgereihten Tannenforsten exzentrisch und verdreht ausbreiten. Sie nehmen die seltsamsten Formen an, Gespensterfichten, deren skurrile Gestalt man selbst vom Tal her wahrnimmt.

Wo immer sich ein *loch*, will sagen: ein See, im Tal befindet – und wo befände sich keiner? –, erblickt man den Berg doppelt – ähnlich Dame, König, Bube im Kartenspiel. Das Spiegelbild scheint in gleicher Weise besteigbar, wie einst Alice ihr Wunderland durch einen Spiegel betreten hat. Die Doppelwelt schottischer Sagen wird auf einmal Realität, selbst wenn – gefährlich für den Bergsteiger! – sich plötzlich eine Nebelkappe um den Gipfel zieht und er in den tiefhängenden Wolken verschwindet, was häufig vorkommt. Wen bei einer Bergtour Nebel überrascht, der sollte stehenbleiben und darauf vertrauen, daß schottischer Bergnebel bald verstreicht, was er freilich nicht immer tut. Es ist gefährlich, den An- oder Abstieg fortzusetzen. Selbst die unschuldigsten Hügel kennen unerwartete steile, oft senkrechte Abgründe und werden bisweilen unvermutet von Schluchten wie von Gletscherspalten durchzogen. Manchmal fällt noch im Sommer Schnee, obwohl es in den Tälern schon heiß ist.

Kennzeichnend für Schottlands Landschaft ist, daß die Hügel zwar keine Hügel mehr sind, aber eigentlich auch noch keine Berge. Oder eben doch Berge, allerdings mit Hügelcharakter. Diejenigen über 3000 Fuß, also 914 Meter über dem Meeresspiegel, tragen daher einen speziellen Namen. Sie heißen *Munros*. Sir Hugh Munro war ein viktorianischer Geschäftsmann, der im schottischen Hochland ein Familiengut geerbt und sich in die Landschaft verliebt hatte. Damals nahm man an, Schottland besitze gerade rund 30 Berge, die über 3000 Fuß hoch seien, was vom Scottish Mountaineering Club, der 1889 gegründet wurde, schon in der ersten Ausgabe des Vereinsblatts angezweifelt wurde. Die Bergsteiger schätzten ihre Zahl auf über 300.

Was Sir Hugh veranlaßte, sie nachzuzählen. Im Kilt seines Familienclans bestieg er sie, wobei er eine Art von Höhenbarometer mit sich führte, das 283 derartige

Berge registrierte. Genauere Messungen reduzierten die Anzahl auf 277, aber Munro war es, der ihnen den Namen gab und der als erster versucht hat, alle zu besteigen. Das »Sammeln« von Munros ist seither ein weitverbreiteter Sport, denn der Ehrentitel Munroist, den jeder erhält, der sämtliche 277 Gipfel geschafft hat – ich habe noch 275 zu bewältigen –, scheint ungemein begehrt.

Munro selbst brachte es leider nicht zum Munroisten. Den Inaccessible Pinnacle auf der Isle of Skye, eine Sache für wohltrainierte Fachleute, bezwang er nicht, und den Carn Clioch-mhulinn in den östlichen Cairngorms, den man auf spiralenförmigen Steigen erklimmen kann, hob er sich zu lange auf. 18 Jahre, nachdem er seine *Tafeln der Höhen über 3000 Fuß* im Bergsteigerblättchen veröffentlichte, starb er, 63jährig, in Frankreich an einer Lungenentzündung. So wurde ein geistlicher Herr, der Reverend A. E. Robertson, 1901 zum ersten Munroisten. Die Ehrenliste verzeichnet – letzte Publikation: Dezember 1990 – inzwischen über 800 Eintragungen.

Die meisten stammen aus jüngster Zeit, denn bis zum Ersten Weltkrieg gab es nur acht anerkannte Munroisten, und der hundertste erreichte den letzten Gipfel und damit das Ziel erst 1971. Der Bergschriftsteller Hamish Brown schaffte die Besteigung sämtlicher Munros 1974 sogar auf einer Tour von Berg zu Berg, wobei er Zwischenräume mit dem Fahrrad, in einem Faltboot oder zu Fuß überbrückte: insgesamt 2458,5 Kilometer in 112 Tagen! Von einem anderen Fanatiker, der begann, die Munros im Dauerlauf zu erklimmen, habe ich nie wieder etwas gehört; er hat wohl aufgegeben.

Halt, nein, hier kommt eine neue Liste. Der Mathelehrer Hugh Symons hat sich den Titel in 66 Tagen und 22 Stunden erworben, und das mit der seltsamen Verpflegung von insgesamt 24 Weihnachtspuddings. *Christmas Puddings* pflegen außerhalb Großbritanniens jedem so schwer im Magen zu liegen, daß er – oder sie – keinen Maulwurfshügel mit einem solchen im Bauch bezwingen könnte. Weiterhin gibt es einen Eintagesrekord, den Charlie Ramsay hält: 24 Munros in 24 Stunden, den größten darunter, den Ben Nevis. Charlie gelang dieser Gewaltmarsch 1978, aber er ist ihm bis 1991 elfmal nachgemacht worden. Und – letzte Meldung! – John Broxap aus Cumbria hat ihn mit 28 Munros in 24 Stunden, wenn auch ohne Ben Nevis, sogar noch übertroffen. Fehlt der Ben Nevis, gilt die Tat aber wohl nicht soviel, wenn ich den Munro-Kodex richtig verstehe.

Alasdair Riley, dem ich diese Namen und Zahlen verdanke, schrieb dazu: »Solche Anstrengungen erfordern einen Anflug von Verrücktheit, aber auch viel Zuneigung und Liebe zum Bergland.« Es handelt sich jedoch anscheinend um so etwas wie eine ansteckende Krankheit (zwei Hunde sind inzwischen Munroisten, ein Siebzigjähriger hat soeben den letzten ihm in seiner Sammlung noch fehlenden Berg erklettert, ganze Familien haben es zumindest versucht oder sind dabei, den 277. Munro zu erreichen, ein Zehnjähriger kann bereits auf 100 zurückblicken, und es soll sogar schon Enthusiasten geben, die alle Munros zum zweitenmal ersteigen).

Verstehen kann man diese Leidenschaft, selbst wenn man, wie der Autor dieser Zeilen, aus dem Flachland kommt. Das heißt: Ich verstehe weniger die Rekordsucht – die halte ich für unmenschlich und willkürlich –

als das Vergnügen, auf einsamen Pfaden in Regionen vorzustoßen – und das aus eigener Kraft! –, die dem Menschen ansonsten verschlossen bleiben; falls er nicht gerade in den Alpen oder den Pyrenäen schneebedeckte Gipfel erstürmt.

In Schottland ist das Bergwandern leichter von Erfolg gekrönt als anderswo. Man braucht hier zwar ebenfalls zweckmäßige Kleidung, Stiefel, Kraftnahrung und – *don't forget!* – Sonnenöl, aber doch nicht unbedingt das Training und die Ausrüstung regelrechter Bergsteiger. Es gibt durchaus gemäßigte Munros, wenn man das so ausdrücken darf, die aber Ausblicke bieten, die jedem unvergeßlich bleiben werden. Ehe Sie sich aufmachen, eine Warnung: Ganz ungefährlich ist das Wandern auch hier nicht; man erkundige sich bei Einheimischen nach den Tücken der Pfade, Wetterverhältnissen und Möglichkeiten zu raschem und gefahrlosem Abstieg, ehe man aufbricht. Und nach zehn Munros, heißt es, sei man dann endgültig jener Sucht verfallen, die – falls Kräfte, Geld und Zeit reichen – unweigerlich zum Munroisten führt. Wer das nicht will, belasse es bei neun Besteigungen. Wer sich aber gar nicht bremsen kann, der nehme am ersten Sonnabend im September am Ben Nevis Race teil, dem Wettlaufen vom Claggen Park in Fort William auf den Gipfel und zurück. Der Rekord für die rund 15 Kilometer lange Strecke liegt bei einer Stunde und 31 Minuten.

Die meisten werden sich, wie ich, die Berge auch gern von unten oder, sagen wir, aus halber Höhe ansehen. Gelegenheit dazu gibt es genug für alle Wanderer und sogar die Autofahrer. Letztere haben es ein bißchen schwerer als erstere. Denn gottlob lassen sich in Schottland, zumindest in den Highlands, nicht wie in England endlos *by-passes*, Umgehungsstraßen, anlegen und jeden Feldweg zum Highway verbreitern. Je höher man kommt an den Flanken der schlafenden Dinosaurier, desto enger werden die Straßen. Das Schild *Single Track Road* zeigt dann an, daß Verkehr nur einspurig möglich ist, weil keine zwei Wagen mehr nebeneinander Platz haben.

Trotzdem handelt es sich um keine Einbahnstraße, und Sie müssen mit Gegenverkehr rechnen. Fahren Sie langsam, und achten Sie auf die Pfähle mit der Aufschrift *Passing Place*. Solche finden sich fast alle 50 Meter und weisen auf eine Straßenausbuchtung hin, in der man beruhigt den entgegenkommenden Verkehr vorbeilassen kann. Geübte Fahrer, selbst – oder gerade – von Omnibussen, verstehen es, ihre Geschwindigkeit so abzumessen, daß sie nur selten einmal anhalten, geschweige denn zurücksetzen müssen.

Frohe Botschaft für die Fußwanderer: Es gibt in Schottland relativ mehr Jugendherbergen (*youth hostels*) als in England, nämlich 80, die in den Städten und größeren Orten oft zentraler liegen als im Süden, wo man sie gerne am Stadtrand versteckt. Sie sind aber auch in den Highlands über das gesamte Land verteilt, 16 im nordwestlichen, 15 im nordöstlichen Highland, sogar auf den Hebrideninseln gibt es sieben, vier auf den Orkneys und sogar eine auf Shetland, in Lerwick.

Die Regeln sind die gleichen wie in England. Man muß mindestens fünf Jahre alt sein, man braucht einen Jugendherbergsausweis, und die Häuser bleiben von 10 bis 17 Uhr geschlossen. Näheres erfährt man über die Scottish Youth Hostel Association, 7 Glebe Crescent,

Stirling FK 8 2 JA. Die Jugendherbergen selbst sind nicht immer nach neuestem Standard eingerichtet, aber die Jugendherbergsmütter und -väter zeichnen sich, wie ich höre, durch besondere Freundlichkeit und Hilfsbereitschaft aus. Diese Mitteilung, da dem Jugendherbergsalter längst entwachsen, ohne Gewähr. Da die Schotten — mit Ausnahme mancher Glasgower — tatsächlich freundliche Leute sind, kann man, glaube ich, der Information aus zweiter Hand durchaus Glauben schenken.

Ob zu Fuß mit Rucksack, im eigenen Wagen oder mit viel oder wenig Gepäck per Bahn oder Bus, vielleicht sogar im Flugzeug (von London, sowohl Heathrow als auch Gatwick, geht jede Stunde ein Shuttle Service nach Edinburgh und Glasgow, für den man nicht einmal eine Vorausbuchung braucht) — die Reise lohnt sich immer. Einrechnen sollten Sie die Größenverhältnisse des Landes, die die meisten Deutschen unterschätzen. Großbritannien liegt auf einer langgestreckten Insel, und es befindet sich nicht alles in der Nähe von London. Der Schnellzug nach Glasgow vom Bahnhof Euston (16 Züge am Tag!) fährt fünf Stunden, nach Aberdeen sieben, nach Inverness, wo die Highlands beginnen, aber schon rund elf Stunden. Mit dem Bus ist man dann erst in Edinburgh.

Meinen Freunden empfehle ich, wenn sie Schottland nicht auf eigene Faust erkunden wollen — was immer das Schönste ist — eine bequemere und zudem billigere Art und Weise. Vor allem bei den älteren meiner Bekannten hat dieser Tip Anklang gefunden. Sie buchen in Deutschland eine Städtereise nach London mit zwei bis drei Übernachtungen dort. Sie gehen dann in ein Reisebüro, wo sie, je nach Lust, Laune, Geldbeutel oder

Zeitraum eine reiche Auswahl von Schottland-Reisen präsentiert bekommen. Eine Woche oder 14 Tage in einem Hochland-Hotel (von wo aus eigene Touren möglich sind), eine *guided tour* durch den Nordwesten beziehungsweise Nordosten mit sachkundigen Erklärungen oder – für jeden Geschmack etwas – eine Mischung aus beiden gibt es oft zu erstaunlich vernünftigen Preisen. Nicht gerade in der Hochsaison, aber die ist ja, wie wir gesehen haben, für Schottland sowieso nicht die günstigste Zeit, siehe das Kapitel »Highlands, Lowlands«!

Um jedoch beim Thema zu bleiben oder zu ihm zurückzukommen: Wen es, aus welchem Grund auch immer, nach Schottland treibt, in dem schlummert, mehr oder weniger tief verborgen, auf dem Grund der Seele ein heimlicher Munroist. Die einsamen Hügelketten der Highlands sind das Unvergeßlichste an Schottland.

Wer jemals da war, schließe die Augen. Was sieht er vor sich? Einen Munro.

Golf

Was ist irdisches Glück? Schon seit der Antike habe, sich die Philosophen die Köpfe über diese Frage zerbrochen. Eine restlos oder für alle befriedigende Antwort hat keiner gefunden.

Bei den Schotten, einem zutiefst philosophischen Völkchen, liegt die Sachlage anders. In einem Pub zu Dunbar hat mir ein Schotte zum erstenmal eine verblüffend einfache, explosiv geäußerte Antwort geben können, die aber sicher nur auf ihn und seinesgleichen zutrifft, da jedoch hundertprozentig. »Glück ist«, versicherte er mir, »wenn die Sonne scheint und ein Golfplatz in der Nähe ist.«

Golf ist so schottisch wie Whisky, wenn auch ganz gewiß gesünder. Und eintöniger. Golfspiel hat etwas von der erhabenen Einsamkeit der Munros. Man mag mit jemandem spielen, aber man spielt nicht gegen ihn. Man spielt gegen sich selbst und gegen die Natur, den Wind, die Bodenverhältnisse, die Hindernisse auf der Spielbahn. Über nichts wird in Schottland mehr geredet und erzählt als über das letzte Golfspiel.

Der humoristischen Folklore zufolge soll Petrus eines Sabbatmorgens einen presbyterianischen Geistlichen beobachtet haben, der diesen Tag entheiligte, indem er eine Runde Golf einlegte, selbstredend allein und fern von seiner Gemeinde. Petrus eilte zu Gottvater und empfahl diesem, den Sünder mit einem Blitzschlag aus heiterem Himmel zu bestrafen »Aber nein«, erwiderte Gottvater, »vom nächsten Tee (Abschlag) wird er direkt ins Loch treffen!« – »Das«, wandte Petrus ein, »ist aber keine Strafe.« – »Die schlimmste von allen«, versetzte der Herrgott, »denn wem kann er davon erzählen?«

Seit John Knox sind die Schotten immer fromme Presbyterianer gewesen, sind es zum großen Teil heute noch. Auch dem Golfspiel wird ein presbyterianischer Charakter zugeschrieben: ein einzelner steht dem Geschick alleinverantwortlich gegenüber. Das Erfolgserlebnis muß dem strengen Einhalten der Regeln abgetrotzt werden. Ein nüchtern-protestantisches Spiel also.

Weniger presbyterianisch der Enthusiasmus, den es erregt, zumindest in Schottland. Schottland ist übersät mit Golfplätzen, es sind genau 409 an der Zahl, allein Glasgow besitzt deren 30. Und da das Spiel keineswegs als derart exklusiv gilt wie bei uns (oder zuweilen in Amerika), brauchen deutsche Golfer keine Angst davor zu haben, daß man sie nicht spielen läßt. Golf ist ein Volkssport in Schottland, auf dem Lande zahlt man seinen Obolus und legt los. Wer freilich den Golfkurs aller Golfkurse bespielen möchte, den Old Course von St. Andrews, sollte sich rechtzeitig, das heißt mindestens zwei Monate vorher anmelden. Aber auch da gibt es Hoffnung. Jeden Morgen wird ein *ballot* abgehalten, eine Art Lotterie, auf der die leergebliebenen oder abgesagten Spielzeiten ausgelost werden.

Natürlich gibt es, vor allem in den Städten, ungeheuer exklusive Clubs, die aber auch ein Auge zudrücken, wenn Fremde von *overseas* erscheinen, zu denen Sie sich rechnen dürfen. Tun Sie eines auf gar keinen Fall: betreten Sie nie ohne ausdrückliche Einladung eines Clubmitglieds das Clubhaus, bestehe es aus einer kärgliche Holzhütte oder gleiche einem Granitpalast. Das Clubhaus gilt als eine Art Golfheiligtum, das nur von den regulären Vereinsmitgliedern benutzt werden darf.

Gerüchteweise verlautet immer wieder, das Golfspiel sei eigentlich eine Erfindung der Holländer. Auf Bildern holländischer alter Meister sind jedenfalls die frühesten Formen dieses Spiels zu sehen. Aber erfunden haben das Golfspiel natürlich die Schotten, und wenn Sie etwas anderes vermuten, so würde ich Ihnen raten, es den Schotten nicht mitzuteilen. Der Streit, welcher Gegend selbstredend Schottlands – das Spiel entstammt, reicht über Jahrhunderte und wird nach wie vor mit großer Verbissenheit geführt. Auch in dieser Hinsicht sollten Sie sich neutral verhalten.

Was die Anfänge betrifft, die sich in mythischem Dunkel verlieren, so gibt es zwei Theorien. Der einen zufolge hat irgendwann ein Schafhirte seinen Stock genommen, um einen Stein wegzuschlagen, und dieser rollte exakt in ein Loch im Boden. Der Bursche versuchte es auch fernerhin, sicherlich mit wechselndem Glück, und das Lieblingsspiel der High- und Lowlands war erfunden.

Die zweite Theorie: Es entstand aus einem einfachen Gebolze mit einem runden Gegenstand, den man durch Stockhiebe vorwärtstrieb, wobei eine Art von Schiedsrichter rasch Löcher in den Boden grub, die man treffen mußte. Es gibt alte Stiche – keine holländischen –, die einen solchen Zeitvertreib zeigen.

Aber wie auch immer: In Musselburgh wurde schon

1672 Golf gespielt. Musselburgh liegt am Firth of Forth, neun Kilometer von Edinburgh entfernt, und hier soll Maria Stuart wenige Tage nach dem Mord an ihrem Mann, Lord Darnley, fröhlich beim Golf gesehen worden sein. Im Falle einer Katastrophe trinkt der Engländer Tee, der Schotte spielt eine Runde Golf.

Als erster Club urkundlich verzeichnet wurde die Honorable Company of Edinburgh Golfers im Jahre 1774. Dieser älteste Golfklub der Welt, der heute noch besteht, hat die ersten geltenden Regeln aufgestellt. Seine drei Kurse, Muirfield, befinden sich in Gullane (sprich: Gillön), 21 Kilometer östlich von Edinburgh.

Den Rang abgelaufen hat ihm freilich längst der berühmte, meistzitierte, von Golfern aus aller Welt als Club Nr. 1 angesehene Royal and Ancient Club of St. Andrews. Er liegt direkt an der Nordseeküste in Fifeshire, 18 Kilometer von Dundee entfernt. Es handelt sich um einen Sandstrandkurs beziehungsweise um deren drei, die allgemein als die besten der Welt angesehen werden. Sie verlaufen weitgehend auf sandigem Gelände, dort, wo sich zwischen Ufer und festem Land viele Unebenheiten befinden, die als natürliche Hindernisse genutzt werden. Der Fachausdruck dafür lautet *links*, was weder wie im Deutschen einer Richtungsweisung entspricht, noch, wie das Schluß-S anzudeuten scheint, einen Plural darstellt. Ein Links ist ein Golfkurs am Meer, und der Old Course von St. Andrews ist der traditionellste, ehrwürdigste und umworbenste, das Pantheon aller Golfplätze: eine Ehre, einmal auf ihm gespielt zu haben.

Wer im Sommer ohne Golfausrüstung durch St. Andrews geht, läuft Gefahr, für nackt gehalten zu werden.

Das schmucke Städtchen mit der ältesten Universität Schottlands und der imposanten Kathedralenruine aus dem zwölften Jahrhundert ist zum Mekka aller Golfenthusiasten geworden. Auf ihrem Links – sowie auf denen von Muirfield, Carnoustie, Troon, Turnberry und anderen – findet alljährlich die Golfolympiade der British Open statt, seit jeher nur schlicht und einfach »Open« genannt.

Das Spiel hat in Schottland freilich nicht nur Liebhaber gefunden. James II. (Sie erinnern sich, er war der Sechsjährige, der als erster statt in Perth im Holyrood Palace in Edinburgh gekrönt wurde) verbot es 1457 sogar kurzerhand, weil ihm schien, es lenke seine Mannen zu sehr von kriegerischen Übungen ab und schade daher der Sicherheit des Landes. Sein Enkel, James IV., der Großvater Maria Stuarts, war dann aber schon ein passionierter Golfspieler und erst recht James VI., sein Urenkel, der als James I. von England keine Zeit verlor und seinen Lieblingssport flugs auch dort einführte.

Golf beschränkte sich lange Zeit jedoch auf den Hof und dessen Umgebung. Erst als während der industriellen Revolution um die Mitte des 19. Jahrhunderts zum Uraltadel der Geldadel trat (und sich herausstellte, daß viel Geld fast noch mehr Wirkung haben kann als viele und hohe Titel), bildeten sich auch in England honorige Vereine, als deren Mitglied man in teuren Phantasieausrüstungen die Schläger auf dem grünen Rasen betätigen konnte.

Apropos grüner Rasen. Schottland besitzt nicht nur *links*, sondern auch Binnenlandplätze, die jedem Vergleich mit denen anderer Länder der Welt standhalten. Die Kurse von Gleneagles und Blairgowrie im Hochland werden ihrer landschaftlichen Schönheit wegen viel gepriesen. Auch gibt es eine Unzahl von Geheimtips unter Golfern. Marcus Brooke, Weltreisender in Sachen Archäologie und Anthropologie sowie Golfer, hat, was Anhänger dieses Sports nur selten tun, verraten, und zwar in einem Buch, welche Plätze er für die besten oder die ihm liebsten hält: Dornoch im extremen Nordosten (wo man die letzte Hexe auf britischem Boden gehängt hat) und das abgelegene Machrianish im äußersten Südwesten. Was er vom 16. Tee des Rosemount-Kurses in Blairgowrie erzählt, könnte sogar mich dazu verleiten, einen der vielen, von Nichtgolfern ununterscheidbaren Schläger in die Hand zu nehmen. Das 16. Tee dort liegt an einem See namens Black Loch, in dem die Hechte so groß werden, daß sie sogar die Schwäne vertilgen, die sich auf ihn verirren.

Aus dem Sport für König und Hofgesellschaft sowie später für die Reichen (und Neureichen) ist inzwischen auch in England ein Volkssport geworden, den jung und alt, arm und reich betreiben. Den Wendepunkt bringen Golfhistoriker mit der – übrigens englischen – Erfindung des *gutty ball* in Verbindung, der, aus Guttapercha gepreßt, industriell hergestellt werden konnte. Bis dahin mußte man sich mit Importen aus Holland behelfen, den *featheries*, prall mit Hühnerfedern vollgestopften Lederbällen (die sich die Schotten natürlich selbst herstellten, sehr viel mühsamer, aber auch sehr viel billiger. Hühnerfedern sind ein schwer zu handhabendes Material, und es ist nicht jedermanns Sache, sie durch eine enge Öffnung in ein kleines rundes Ledergebilde zu pressen). Die heute benutzten modernen Hartgummibälle beruhen auf einer amerikanischen Erfindung. Clifford Hanley:

»Man kann nun wirklich nicht verlangen, daß sich die Schotten um jede Einzelheit beim Golf kümmern.«

Der Volkswitz zweifelt überhaupt die Herkunft des Spiels an. Wie könnte ein Schotte etwas erfunden haben, bei dem man möglicherweise Bälle verlieren kann? Auf manchen schottischen Golfplätzen soll es, der gleichen Quelle zufolge, Schilder gegeben haben, auf denen stand: »Das Aufsammeln von verlorenen Bällen ist verboten, solange diese noch rollen.«

Aber das hat vielleicht weniger mit dem sprichwörtlichen Geiz zu tun als mit der einst so mühsamen Federnstopferei.

Golf, lange Jahre ein Männersport, wird heutzutage ebenso häufig von Damen ausgeübt. Bei uns Deutschen dürften sie immer noch in der Minderheit sein. Wer in Begleitung eines Golffans nicht den notwendigen Stoizismus aufbringt, der zum Spiel, aber auch zum Betrachten desselben gehört, kann sich in Schottland trösten. Die meisten Plätze liegen nahe an landschaftlichen oder architektonischen Sehenswürdigkeiten, die man statt der 18 Löcher im Rasen (oder Sand) aufsuchen kann.

Nehmen wir zum Beispiel Turnberry. Ganz in der Nähe seiner beiden berühmten Links' liegt Culzean Castle (sprich: Kallehn), von Robert Adam neugotisch hergerichtet und von einem schönen Landschaftspark umgeben. 1945 schenkte der damalige Besitzer, der Marquess of Ailsa, das Gebäude samt kostbarem Inhalt der Nation, unter der Bedingung, daß eine Zimmerflucht im Obergeschoß verdienten Persönlichkeiten zur Verfügung gestellt würde. Die erste Wahl fiel auf Dwight D. Eisenhower, den Oberkommandierenden der alliierten Truppen im Zweiten Weltkrieg und späteren Präsidenten der USA. Er hat dann auch häufig auf den Turnberry-Links' die Schläger geschwungen. Von den Glasgower Golfplätzen Haggs und Pollok ist es nur ein Katzensprung zur Burrell Collection im Pollok House von William Adam mit Gemälden von Memling bis Renoir.

Was irdisches Glück sein kann, erfährt man in Schottland nicht nur auf den Golfplätzen.

Braemar und die Folgen:
Highland Games

Wenige Meilen (rund 13,5 Kilometer) vom königlichen Schloß Balmoral entfernt liegt das kleine Dorf Braemar am Flüßchen Dee. Von hier aus kann man Craigievar Castle, die asymmetrisch gebaute, hochaufragende Märchenburg im Baronial-Stil, einer Art von herbem, schottischem Rokoko, besuchen – und erst einmal suchen, ehe sie unvermutet zwischen den grünen Baumwipfeln des verschwiegenen Tals zwischen Dee und Don auftaucht.

Von Braemar ziehen auch die Moorhuhnjäger am *Glorious 12th* aus, friedlichere Zeitgenossen ziehen dagegen vor, hier die Heideblüte des Hochlands zu genießen und das zu finden, was Theodor Fontane die »Blaue Blume Schottlands« genannt hat. Außerdem ist Braemar ein beliebter Wintersportort. Braemar Castle, noch heute von den Farquharsons bewohnt, stellt zudem ein Symbol schottischer Geschichte dar. Das Schloß wurde 1689 zerstört und 1748, nach Culloden, als englische Garnison wiederaufgebaut, umgeben von einem gezackten Wall aus festen Mauern.

Alles Gründe genug, Braemar aufzusuchen. Am berühmtesten jedoch ist das Braemar Royal Highland Gathering am ersten Samstag im September, das – angeblich – auf eine 900jährige Geschichte zurückblickt und mehr Menschen anzieht als alle Burgen, Moorhühner, Heideblüten und sogar Skipisten.

König Malcolm III. soll hier schon im elften Jahrhundert alle seine Clans zum Manöver und friedlichem Wettkampf versammelt haben. Die Sieger verleibte er seiner Elitetruppe ein. Er hat, wie es heißt, auch jenen Wettlauf erfunden, der auf den Craig Choinich führt. Der Gewinner erhielt die ehrenhafte Auszeichnung eines *baldric*, eines Gürtels mit verzierter Schnalle, den er fortan als des Königs persönlicher Schnelläufer wie einen Orden trug. Noch heute bildet das Rennen auf den Craig Choinich den Höhepunkt der Braemar Games.

Highland Games gibt es im Jahreskreislauf an die hundert, große, kleine, vielbesuchte, kümmerlich-dörfliche, fröhliche, verbissene, abwechslungsreiche und monotone. Aber Braemars Royal Gathering ist der absolute Höhepunkt, weil es meist auch von der königlichen Familie, stets aber von mehreren ihrer Mitglieder besucht zu werden pflegt.

Malcolm III. sollten die Leute von Braemar ein Denkmal setzen. Eher noch aber der guten Königin Viktoria, denn wie sie den Highlandern Kilt, Dudelsack und Sporran zurückgab, so verstand sie es auch, die ihr aus Romanen Sir Walter Scotts vertraute Sitte der Highland Games wieder auf Trab zu bringen.

Sie liebte Schottisches mit wahrer Inbrunst. Der traditionelle Wald aus kaledonischen Fichten sollte abgeholzt und durch einen Nutzforst ersetzt werden? Da sah sie grün und verbot es kurzerhand. Die rauhen Gesellen aus dem Norden hatten einst mit Holzstämmen und Wakkersteinen geworfen, waren die Berge im Kilt hochgerannt, hatten gesungen, getanzt und gefeiert? Das wollte sie sehen! Der königlichen Nostalgikerin verdankt Schottland einen Großteil dessen, was es heute als sein kulturelles Erbe versteht.

Und ist es eine Schande, wenn sich nicht alles mehr so abspielt wie im elften Jahrhundert Malcolms III.? *Tempora mutantur* – die Highland Games (oder Gatherings) mögen schottische Sitten und Gebräuche gefiltert durch den Geschmack des 19. Jahrhunderts vorführen, und das heutzutage überdies mit einem verstohlenen Auge auf die Fremdenverkehrsstatistik. Aber es gibt sie doch noch, sehr bunt, sehr laut, sehr lustig und sehr, sehr schottisch. Ein Fest der starken Bizepsmänner, der zierlichen Highland-Fling-Tänzerinnen und der fliegenden Tartankilts.

Eine »folkloristische Mischung aus nationaler Kraftmeierei, touristischem Kalkül und eingeborener Spiel- und Festfreude« hat Peter Sager sie genannt. Dem wäre nichts hinzuzufügen, wenn nicht die Alternative das totale Verschwinden dieses Brauchtums bedeutet hätte. Die Viktorianer haben ja auch die alten Dorfkirchen Großbritanniens sorgsam restauriert, so gut sie es verstanden. Die Kirchen sind meist äußerlich vorzüglich erhalten, wenn auch im Innern zur Hälfte oder zu Dreiviertel verdorben oder sogar zerstört. Es hat alles seinen Preis, wie es scheint. Wer sich um den Erhalt einer Sache bemüht, muß auf der anderen Seite zugleich ein wenig zerstören auf dieser merkwürdigen Welt. Die Natur hält es ähnlich. Auch der von der Königin erhaltene Wald aus kaledonischen Fichten mag heute nicht mehr so aussehen wie vor 150 Jahren.

Ebenso die Highland Games. Als Alistair Ranaldson MacDonell in Glengarry, wie im Kapitel über die Landräumung (S. 120 ff.) nachzulesen, versuchte, Schottland schottisch zu erhalten, veranstaltete er ebenfalls die traditionellen Sportfeste. Ein Besucher hat sie Anfang des vorigen Jahrhunderts wie folgt beschrieben:

»Die Spiele waren von der allgemein üblichen Art – Tänze, Dudelsackmusik, einen schweren Feldstein heben und ein Wettlauf nach Invergarry und zurück, sechs Meilen. Eine Bravourleistung, die ich nie wieder gesehen habe, bestand aus dem Herausdrehen der vier Beine einer Kuh. Es gelang am Ende einem einzigen Mann. Nachdem er sich ungefähr eine Stunde lang abgemüht hatte, hatte er die vier Beine heraus. Dann wurde der anwesende Barde des Clans aufgerufen und trug ein Gedicht auf gälisch vor, das den Chief, dessen Familie und den Clan pries. Alle Landleute bekamen dann zu essen, wobei ihnen das Abendessen auf dem grünen Rasen serviert wurde – Schüsseln mit Brühe, gekochtem und geröstetem Seetang mit Hammelfleisch, Hühner, Lachs, Kartoffeln und ungeheure Mengen von *bannocks* (Hafermehlfladen). Es gab keine Messer und Gabeln, aber die *dirks* (Dolche) und *skean dhus* (Kurzschwerter) der Männer dienten als Hilfe ihrer Finger.«

So etwas erleben Sie auf den jetzigen, nachviktorianischen Highland Games natürlich nicht mehr. Ich bitte von Fragen wegen der Kuh absehen zu wollen; ich habe mich in Schottland vergeblich nach dieser Sitte erkundigt. So wollen wir hoffen, daß es sich um eine tote Kuh gehandelt hat. Daß das Abdrehen von Tierbeinen als Brauchtum nicht erhalten blieb, könnte man unter Umständen sogar als Fortschritt ansehen.

Die häufig auch als *Oatmeal Olympics*, Haferkuchenolympiade, bezeichneten Highland Games finden überall im Land zwischen Mai und Mitte September statt, die bedeutenden unter anderem in Braemar, Cowal, Oban, Aberdeen, Aboyne und Speyside, eine unvollständige Aufstellung, der man noch Dunoon, Inverness, Loch Lomond und Luss hinzufügen könnte. Kleinere Treffen, die folkloristisch häufig noch ursprünglicher sind als die großen, gibt es zum Beispiel in Ceres, wo sie nachweislich schon 1314 abgehalten wurden, auf der Hebriden-Insel Uist oder auf Skye, wo die Bahn für die Läufer so kurz ist, nur 117 Meter, daß denen, die sie pausenlos umlaufen müssen, um die nötigen Meilen zu absolvieren, häufig schwindlig wird und sie sich torkelnd ins Gras werfen.

Wer unvorbereitet in eine solche Haferkuchenolympiade gerät, dem kann auch ohne derartige Anstrengung schwindlig werden. Es finden Vorstellungen und Wettbewerbe meist auf mehreren Plattformen zugleich statt, ein verwirrender Anblick. Während im Hintergrund eine Kapelle von bis zu vierzig Dudelsackspielern ohrenbetäubende Klänge von sich gibt, läuft in einer, wenn auch fast immer ungenügenden Entfernung der Wettbewerb der Solisten in den drei Kategorien *Pibroch*, Marsch, sowie *Strathspeys* und *Reels*.

Pibroch sind klassische Melodien, die Märsche entstammen militärischer Tradition, Strathspey und Reels sind Tänze. Letztere werden stehend gespielt, wobei die Musiker wie angewurzelt an ihrem Platz bleiben und der Bläser mit dem Fuß den Takt klopft; bei den Märschen dagegen marschieren sie vom linken Ende der Plattform zum rechten und wieder zurück, beim Pibroch handelt es sich um ein gemächlicheres Hin- und Herwandern. Die Schiedsrichter hören mit gespitzten Ohren zu, und den höchsten Preis erhält der beste Pibrochspieler.

Auf anderen Plattformen wird getanzt. Meist sind es sehr junge Mädchen, oft noch Kinder, die erstaunlich perfekt die althergebrachten Schritte beherrschen, vom ländlichen *Fling* bis zum *Gille Calum*, dem Schwerttanz, bei dem die Füße die ausgelegten Schwerter nicht berühren dürfen. Der Fling wird übrigens auf der Stelle getanzt, früher wahrscheinlich auf einem Schild.

Unbeschreibbar die athletischen Wettbewerbe, die von Highland Games zu Highland Games variieren, insbesondere hinsichtlich der Laufstrecken. Sie reichen von einer 800-Meter-Distanz bis zu mehreren Meilen und führen zumeist einen Berg hinauf und wieder hinunter. Schwitzende Muskelmänner mit nackter Brust und wehendem Tartan werfen den Hammer, was aussieht, wie man's vom Fernsehen gewohnt ist. Aber der kugelförmige »Hammer« hängt an einer Kette von nur drei oder vier Gliedern, und der Werfer faßt ihn an einem schmiedeeisernen Ring, der so groß ist wie die Kugel. Verfolgen Sie den Wurf genau – nicht auf die Weite, sondern auf die Höhe kommt es an.

Noch schwieriger ist es, die wilden Männer zu begreifen, die da (*tossing the caber*) einen fünf Meter hohen Baumstamm schultern, das heißt sie packen ihn am schmalen Ende, richten ihn schnaufend auf und schleudern ihn mit furchterregendem Gebrüll hoch in die Luft und nach vorn. Auch dieser Kraftakt gilt jedoch nicht einem möglichst weiten Wurf, sondern einem korrekten. Der Baumstamm muß danach in die Richtung des Werfers zeigen. Eigentlich ist es noch komplizierter: Man stelle sich eine imaginäre Uhr vor – wenn der Werfer auf der Ziffer sechs steht, sollte der Baumstamm, der *caber*, wie ein großer Zeiger auf die zwölf weisen, was übrigens nur sehr selten gelingt; wenn es aber gelingt, dann wird der Wurf mit so dröhnendem Applaus belohnt, daß dabei selbst die pausenlos alles übertönende Dudelsackkapelle übertönt wird. Es gibt manchmal auch lautstarke Auseinandersetzungen um die Frage, ob der Athlet nicht nachträglich seinen Standort von zwei Minuten vor halb sechs auf halb sechs verändert hat (um beim Vergleich mit den Uhrzeigern zu bleiben).

Zu einem rechten Highland Game gehören das Tauziehen zwischen zwei untereinander verfeindeten Clans oder Dörfern und eine Art von Ringkampf, dessen Regeln ich Ihnen beim besten Willen nicht erklären kann (es hat sie mir auch noch kein Schotte erklären können). Eine Spezialität mancher Sportfeste ist das Stemmen gewaltiger Gesteinsbrocken mit oft sagenhafter Vergangenheit. Ob Sie den Lärm, das Gewimmel, das Ächzen der muskelbepackten Kraftmänner, das Vielerlei von Dudelsackmusik und den bunten Reigen der unzähligen Tartanmuster mögen werden, kann ich nicht sagen. Eines glaube ich Ihnen garantieren zu können: Langweilen werden Sie sich nicht!

Am Rande des Ereignisses finden weitere, je nach Landschaft unterschiedliche Ereignisse statt, die nicht weniger interessant sind: Reitvorführungen, Wettbewerbe für Schäferhunde, zumeist *Alsatians* (Elsässer), wie in Großbritannien die Deutschen Schäferhunde genannt werden, oder Ausstellungen von Vieh- und Schafsrassen, bei denen man Tieren begegnet, von denen man auf Anhieb kaum sagen möchte, ob es sich um Kühe, Schweine oder was auch immer handelt.

Geruhsamer geht es bei den Common Ridings im Grenzland zu. Sie dauern meist eine volle Woche, ihr

Programm umfaßt Tanz, Gesang, Essen, Trinken und Dudelsackmusik und gipfelt in einem Ritt der männlichen Dorfbewohner zu einem Gelände in der Umgebung, auf dem einst ein historisches Ereignis – eine Schlacht, eine Belagerung, eine Übergabe – stattfand und nun nachgespielt wird.

Diese *Ride-Outs* dienten ursprünglich dazu, jedes Jahr die Gemeindegrenzen erneut festzulegen. Der berühmteste findet in Selkirk statt, wo zum Abschluß die mitgeführten Flaggen gesenkt werden, *Casting of the Colours*, zum Andenken an die für Schottland verheerende Schlacht bei Flodden, in der 1513 nicht nur König James IV. von Schottland getötet wurde, sondern – bis auf eine Ausnahme – auch alle Selkirker, die mit ihm wider die Engländer zu Felde gezogen waren.

Das Selkirk Gathering findet im Juni statt, ein ähnliches Festival in Peebles zur Sommersonnenwende, aber viele Orte im Grenzgebiet veranstalten ihre eigenen Common Ridings, so Annan, Hawick, Dumfries, Duns, Lanark, Galashiels, Langholm, Lauder und viele andere.

Unter uns gesagt: Sie können Schottland besuchen, wann Sie wollen, irgendwo wird immer ein Fest gefeiert. Ich weiß nicht, ob es ein weiteres Land gibt, das derart viele Anlässe zu gemeinsamen Vergnügungen findet wie Schottland. Feiert man anderswo die Feste, wie sie fallen, so in diesem Land auch dann, wenn sie eigentlich nicht mehr fallen dürften. Heidnische Gebräuche haben sich in diesem erzpresbyterianischen Land erstaunlich unverbrämt erhalten. Zu Neujahr werden in Comrie in einer *Flambeaux Procession* die bösen Geister mit brennenden Fackeln ausgetrieben, ebenso in Burghead am

11. Januar, und Ende Januar wird in Lerwick auf Shetland das Up-Helly-Aa-Feuer entzündet, dessen Ursprünge von den Wikingern stammen sollen.

So geht es weiter im Jahreskreislauf, heidnisch, fromm oder weltlich, bis Dezember. Kein Dorf ohne zumindest ein Mini-Riding, und zum National Gaelic Mod, das jedes Jahr im September an einem anderen Ort abgehalten wird, strömen die Barden aus aller Welt zu einer Olympiade gälischer Dichtung, Musik und Kunst zusammen. Man erkundige sich in den lokalen Informationszentren. Zum Mitfeiern gibt es eigentlich immer einen Anlaß. Die kargsten Länder begehen oft die fröhlichsten und ausgelassensten Feste.

Der Fremde ist immer herzlich willkommen. Erstens weil Schottland ein Land ist, das seit jeher die Gastfreundschaft heiligt, und zweitens weil er Eintritt bezahlt, manchmal nicht zu knapp. Nur die Shetlander wollen bei ihrem Up-Helly-Aa-Festival unter sich bleiben. Ansonsten können Sie sich ungeniert ins Gedränge mischen.

Schon der grämliche alte Dr. Johnson, der die Schotten nicht leiden konnte, hat diese Seite ihres Volkscharakters hoch gepriesen. Als er auf der Rückreise von den Hebriden gefragt wurde, wie ihm das Hochland gefallen habe, herrschte er den Fragesteller an: »Mein Herr, wie können Sie sich unterstehen, mir eine solche Frage zu stellen, die mich zwingt, schlecht von einem Land zu reden, in dem man mich so gastfrei aufgenommen hat! Wem kann das Hochland denn schon gefallen?«

Er hatte, wohlgemerkt, kein Highland Game zu sehen bekommen.

Wo die Krähen rückwärts fliegen. Ein Kapitel über die schottische Sprache

Ein amerikanischer Tourist hat unlängst auf der Isle of Skye gebeten, ihm einen original-gälischen Toast zu verraten, mit dem er daheim in der gälisch-schottischen Nachbarschaft imponieren könne. Man brachte ihm bei, den folgenden Satz nahtlos herunterzurattern: *In Ecclefechan, craws flee erse-wise tae kepp the stoor oot their een.*

Das war keineswegs Gälisch, sondern waschechtes Schottisch und heißt übersetzt: »In Ecclefechan fliegen die Krähen rückwärts, um keinen Staub in die Augen zu bekommen.« Daß *oot* das ihm vertraute englische *out* und *een* soviel wie *eyes* bedeutete, hatte er nicht gemerkt. Ein Engländer wäre wahrscheinlich ebenso darauf hereingefallen.

Merke: Die schottische Sprache entstammt zwar den gleichen Ursprüngen wie die englische, nämlich dem mittelalterlichen Old English, das heute auch kein Mensch mehr verstehen würde, aber es ist kein englischer Dialekt. Seit 1500 hat es sich zu einer eigenen Sprache entwickelt. Auch wenn sich, hauptsächlich in den Lowlands, das Nordenglische und das Südschottische einander angeglichen haben, so gibt es doch erhebliche Unterschiede. Dr. David Murison, der ein Leben lang alle speziell schottischen Vokabeln gesammelt und in einem *Scottish National Dictionary* zusammengestellt hat, das zehn Bände umfaßt, ist auf 50 000 Wörter gestoßen, die sonst in der englischen Sprache nicht gebraucht werden. Zwei Schotten können sich, umgeben von englischsprachigen Leuten, ohne weiteres so unterhalten, daß keiner ringsum weiß, worüber.

Würden Sie, selbst bei besten Englischkenntnissen, die Frage: *Whaurra brar?* verstehen? Oder die Antwort: *A brar's ower err!* (Wo ist der Bruder? Der Bruder ist hier!). Das Beispiel stammt von Clifford Hanley. Hier noch ein weiteres, das Ihnen von Nutzen sein könnte. Verschwinden Sie, wenn jemand in Schottland zu Ihnen sagt: *Achawa url skite ra bunnet affye.* Sie haben ihn sicherlich nicht verstanden, aber gemeint hat er, ins Englische übersetzt: *Go away or I shall knock the bonnet off you* – auf deutsch: Hau ab, oder ich hau' dir den Hut vom Kopf!

Noch keiner hat mir erklären können, warum manche dieser 50 000 schottischen Wörter ausgerechnet an das Deutsche erinnern. Eine Kirche, aber auch die Kirche als Institution, heißt südlich des Tweed *church*, im Norden jedoch *kirk*, was beinahe plattdeutsch klingt – in Holstein geht man in de Keerk. Noch schlagender wirkt die *cow*, die im Schottischen zur *coo* und haargenau so ausgesprochen wird wie unsere Kuh. »Wissen« heißt nicht *know*, sondern *ken* – mehr als ein linguistischer Zufall, daß wir statt »wissen« auch »kennen« sagen können? Berühmt der Ausspruch eines presbyterianischen Geistlichen, der, von der Kanzel donnernd, aufzählt, was der Herrgott dermaleinst beim Jüngsten Gericht alles strengstens bestrafen wird, darunter auch den Genuß von Whisky. Ein Zwischenrufer unterbricht ihn und behauptet, von so vielen Sünden nie gehört zu haben. Das:

Then ken ye noo! (Dann weißt du's jetzt) des Geistlichen ist sprichwörtlich geworden.

Husten ist *hoast* (nicht *cough*), »schreiben« nicht *write*, sondern *scrieve*, Rauch ist *reek* (nicht *smoke*), Stuck nicht *plaster*, sondern *stook*. Da die Schotten Verkleinerungsformen über alles lieben, gibt es auch einen *stookie*, womit sowohl ein Gipsverband als auch ein Gipsabguß gemeint sein kann. *Don't just stand there like a stookie* (Steh nicht rum wie ein Ölgötze!). Woher mag, *by the way*, unser Ölgötze stammen, unter dem man sich doch kaum etwas vorstellen kann?

Verblüffend ähnlich den unsrigen sind auch gewisse Redewendungen, wie man sie ständig gebraucht. Das in Schottland häufig eingeschobene *aharr* gleicht dem deutschen »aha« und entspricht ihm sogar. Und kommt einem das wegwerfende *ach* – mehr wie »och« gesprochen – nicht ebenfalls bekannt vor? Es hat sogar ein gutturales »ch«, wie es *sassenachs* nicht aussprechen können.

Das Lieblingswort der Schotten (und meines) stammt aber doch wohl aus dem europäischen Land, dem sich Schottland immer am engsten verbunden gefühlt hat, aus Frankreich: *bonnie*. Es bedeutet hübsch, nett, lieb, schön, und wie in England alles *nice* sein kann, das Wetter, das Essen, die Leute, das Leben, so kann in Schottland alles *bonnie* sein. Als ich im Hotel zu Tain enttäuscht war, zum Frühstück keinen Porridge zu bekommen, sagte mir die Wirtin: *I bring ye some bonnie corn flakes!* Das Volkslied von den *bonnie, bonnie banks of Loch Lomond* haben wir bereits erwähnt.

Mein zweitliebstes schottisches Wort ist kürzer: *wee*. Es wird nur zart hingehaucht, ein Flüsterton, der

»klein« bedeutet, aber mehr Zärtlichkeit beinhaltet als unsere Vokabel.

> She is a winsome wee thing,
> She is a handsome wee thing,
> She is a lo'esome wee thing,
>   This sweet wee wife o' mine,

hat Robert Burns seine Frau besungen. Einem *wee dram* sind wir ebenfalls bereits – im Kapitel »Wasser des Lebens« – begegnet. Wer *wee money* oder *wee puns* (*pounds*) hat, besitzt allerdings nicht wenig Geld, sondern eine ganze Menge. Und *Wee Frees* nennt man die Anhänger der Free Kirk, die sich 1843 von der presbyterianischen Kirche abgespalten, auch der Wiedervereinigung in einer United Presbyterian Church im Jahre 1900 widerstanden hat und heute tatsächlich nur eine *wee, wee* Minderheit ist.

Weder deutsch noch englisch, noch gälisch klingen weitere Wörter, die zum Teil sogar – zwangsläufig – ins Englische übernommen wurden, etwa der *gillie*, der junge, aber landeskundige Bursche, den Sie zur Jagd oder zum Fischen anheuern und mitnehmen wollten. Eine *bothy* ist eine Jagdhütte, eine *bothy ballad* demgemäß ein Lied übers fröhliche Jagen (oder Angeln). Versuchen heißt *ettle*, wer *fae Germany* kommt, kommt aus Deutschland, *heugh*, »heiuuch« ausgesprochen, nennt man den Abgrund, *kye* das Vieh, *moo* (»muh«) den Mund, *yet* das Tor. Wer gestreßt ist, ist *trauchled* oder mehr im Sinn von »erschossen« – *wabbit*; wer Ihnen sagt, Sie seien *wowf* (»uauf«) oder *gyte*, benimmt sich unhöflich, denn beides heißt »verrückt«. Aber vielleicht meint er es nur *pawkie*, das heißt »verschmitzt«, mit jenem trockenen Humor, den wir ebenfalls mit den nördlichen Bereichen unserer Zunge verbinden.

Um das Richtige zu treffen, *the real Mackay*, wie man in Schottland sagt, bedarf es einiger Übung. Mackay wird übrigens fast – nicht ganz – wie »Mäckei« ausgesprochen.

Ein verstohlener Hinweis. Die vielen diversen Dialekte, vor allem in den Lowlands, zu verstehen, ist nicht einfach; es war davon schon die Rede. Um so mehr als manche Schotten ihr Schottisch mit vollem Bewußtsein bis an die Grenze des Unverständlichen treiben. Meine Frau und ich wechseln dann – ein wohleinstudierter Akt – ein paar Worte miteinander auf deutsch. Sie sollen mal sehen, wie freundlich auf einmal der Verkäufer, Mitpassagier, Gastwirt, Kellner wird, der Sie womöglich für einen Engländer gehalten hat. Jetzt weiß er: Sie sind kein Sassenach, sondern Gast von fernher, womöglich aus Frankreich, woran schottische Herzen noch immer hängen. Meist, fast immer klart sich sein Mienenspiel auf, und er (oder sie) kann sogar plötzlich in verständlicher Sprache, einer Art von Englisch, mit Ihnen verkehren. Alter Gegensatz rostet anscheinend ebensowenig wie alte Liebe.

Der Name Mackay ist gefallen. In Schottland beginnen die meisten Namen mit *Mac* oder *Mc*, und es ist eine Qual, in einem schottischen Telefonbuch einen bestimmten MacDonald oder McPherson heraussuchen zu müssen. Dabei befinden sich in schottischen Telefonzellen mitunter sogar Telefonbücher (in England nie).

Das *Mac* stammt, wie Sie wissen werden, aus dem Gälischen und bedeutet »Sohn von«. Im Englischen benutzt man diesen Vor-Nachnamen für beide Geschlechter, im Gälischen nicht. Da gibt es auch eine »Tochter von«, nämlich *Nic*. Bruder und Schwester James und Anne MacKenzie (auf englisch) wären Seumas MacCoinnich und Anna NicCoinnich auf gälisch.

Die überfüllten »M«-Seiten in den Telefonbüchern gehen allerdings nur zum Teil auf schottisches Erbe zurück. Viele *Macs* stammen aus Irland – Auswanderer, wie sie vor allem Ende des 19., Anfang des 20. Jahrhunderts ins Land gekommen sind, so die McGhees oder McLaughlins.

Umstrittener die Frage, ob der Nachname nach dem *Mac* groß- oder kleingeschrieben werden sollte. Als Faustregel gilt, daß nach *Mc* der Name auf jeden Fall mit einem Großbuchstaben beginnt, nach *Mac* nur dann, wenn es unmittelbar den Menschen betrifft. Der Familienname schreibt sich, mit anderen Worten, MacDonald, die Hamburger-Kette dagegen (unter anderem auch) Macdonald. Aber hundertprozentig ist das alles nicht. Ich kenne genug Schotten, die sich wie die Hamburger-Kette schreiben.

Und was ist mit dem Gälischen?

Außer auf den Atlantikinseln dürfte es so gut wie ausgestorben sein und wird auch auf eben den Inseln von, wie man schätzt, nur noch 80 000 Menschen gesprochen und verstanden. Eine gewisse Renaissance der Sprache in den letzten Jahren – im hübschen Ullapool werden seither die Straßennamen auf den Schildern nicht nur in englischer, sondern auch in gälischer Sprache angezeigt – ist nostalgischer Art. Eine Wiedereinführung, wie sie manchem Fanatiker vorschwebt, dürfte ausgeschlossen sein; ebensowenig wird man in Schleswig-Holstein das

Plattdeutsche oder in Cornwall das Cornische als Amtssprache wiedereinführen können.

Man kann das bedauern. Gälisch ist nicht nur eine schöne, lautkräftige Sprache, sondern auch eine mit klassisch-europäischem Hintergrund. Die Kelten waren zwar ursprünglich ein zentralasiatisches Wandervolk, aber ihr Idiom ist eng verwandt mit dem Italischen, also der Vorform des Lateinischen. Was man Wörtern wie *mile*, gesprochen »*mihle*« für tausend (mille) oder *solus* für »Licht« noch anmerken mag.

Gälisch gesprochen wurde in Schottland zwischen dem dritten und dem elften Jahrhundert, was nun schon eine Weile her ist. Im dritten Jahrhundert besetzten die Skoten, von Irland kommend, das später nach ihnen benannte Land. Unter König Malcolm Canmore (1031–1093) und seiner englischen Königin Margaret wurde das Gälische als Hofsprache abgeschafft. Einen Blick auf die sehr komplizierten grammatischen Regeln dieser Sprache, in der sich viele Worte beim Deklinieren auch in sich verändern, können wir uns ersparen.

Freuen wir uns also am deftigen, harten Schottisch, einer ebenso rauhen wie herzlichen Sprache, etwa am kessen *Come oan, get aff* der Busschaffnerin in Glasgow oder den – meist ebenfalls aus Glasgow stammenden – Komikern, über die sich Engländer wie Schotten gleichermaßen kaputtlachen können, wenn sie ihre Zunge in absurder Weise handhaben. Ein vielzitiertes Beispiel aus einem Varieté-Sketch: *Yaffa yet? Wit yat yaffa?* Auf deutsch: »Kommen Sie von einer Yacht? Von welcher Yacht kommen Sie?«

Wer das beim besten Willen nicht mitbekommt, darf sich trösten. Selbst Daniel Defoe konnte im Jahre 1700 jenseits von Inverness »nichts von dem verstehen, was die Leute auf dieser Seite sagten, ganz als ob wir nach Marokko verschlagen worden wären«.

Was für uns böhmische, sind selbst für Engländer oft schottische Dörfer.

Dinna fash yersel' an' haud yer wheesht. Oder, *bide awee*, und wünschen Sie Ihrem Gegenüber: *Lang may yer lum reek*, was nicht so unanständig ist, wie es klingt. Der Reihe nach übersetzt: Machen Sie sich nichts daraus und halten Sie die Klappe. Warten Sie ab. Lang möge Ihr Schornstein rauchen!

Shetland, die Orkneys und zweimal Scapa Flow

Die Munroisten sammeln Berge. Ob es Lochisten gibt, die schottische Seen sammeln, weiß ich nicht; wahrscheinlich gibt es zu viele *lochs* und *lochans* (kleine Seen). Jemanden, der sich als inselnsammelnder *island hopper* verstand, habe ich ein einziges Mal getroffen, merkwürdigerweise nicht auf Arran oder Staffa, sondern in Berlin, wo er zur Mannschaft des British Centre gehörte. Er hatte sich in den Kopf gesetzt, jede, auch die kleinste Insel Schottlands einmal zu betreten. Ich habe ihn aus den Augen verloren – er wurde vor zwanzig Jahren, glaube ich, nach Johannisburg versetzt –, kann daher nicht sagen, wie weit er gekommen ist oder ob er seine fixe Idee, an die er seinen alljährlichen Urlaub verschwendete, aufgegeben hat. Und einem zweiten Inselhüpfer bin ich nie begegnet.

Fixe Idee? Verschwendet war sein Urlaub gewiß nicht. Ich konnte und ich kann ihn schon verstehen. Die Inseln dort oben im Norden haben alle etwas vom Ultima Thule der Römer. Hier lag für sie der Rand der Welt. Danach gab es nichts anderes als Nebel, Ungeheuer, Sagen: Gefilde, von denen man sich besser fernhielt. Nur Wikinger und Helden trieb es weiter, und sie kamen nie zurück.

Wer auf dem Kap John O'Groats steht, von Englands

südwestlicher Landspitze, Land's End, 874 Meilen oder 1405 Kilometer entfernt (die weiteste Entfernung, die man auf den Britischen Inseln zurücklegen kann), den bewegen ähnliche Gefühle, wenn er zu den Orkney-Inseln hinübersieht, die greifbar nahe scheinen und doch im Unwirklichen verschwimmen. Noch eindrucksvoller der Blick von Dunnet Head und seinem Leuchtturm an der nördlichsten Stelle des britischen Festlands über die wild gezackte Küste nach South Ronaldsay, der südlichsten Orkney-Insel. Wenn Yggdrasil, die Weltesche, irgendwo gestanden haben sollte, dann hier. Oder auf Shetland. Man wird, wie von einem Abgrund, zugleich angezogen und zurückgestoßen.

Ähnlich locken die Inseln im Westen, die Hebriden. Auch sie scheinen Abenteuer oder Geheimnisse zu versprechen, die man anderswo nicht erfährt. Wer hinüberfährt, liest man bei Ossian, kehrt nie als derselbe zurück. Ein wenig ist das heute noch so, obwohl sich die Verhältnisse geändert haben. Und auf Shetland, fast schon über Ultima Thule hinaus, findet sich – Sullom Voe – Europas größter Ölhafen, wenn auch die dicksten Tanks unterirdisch angelegt und die Hochbauten mit olivgrüner Tarnfarbe angestrichen worden sind. Moderne Zeiten. Sie haben Arbeitsplätze geschaffen und eine derart weit von aller Zivilisation entfernte Inselgruppe sozusagen wieder auf die Landkarte gebracht; und als Folgeerscheinung Touristenverkehr, Fremdennepp, überfüllte Städtchen und Aussichtspunkte, sogar eine erhöhte Kriminalität mit sich gebracht. Trotzdem haftet Shetland nach wie vor etwas Eddisches an. Selbst die Luft schmeckt hier salziger.

Das Abenteuer der schottischen Inseln ist immer noch

und immer wieder zu empfehlen. Jede einzelne hat ihre Eigenart und steckt voller Überraschungen. Dabei bieten sie eine reiche, für den Urlaubsbesucher fast verwirrende Auswahl.

Die Orkneys bestehen aus rund 60 Inseln, darunter 14 größeren, die mit Straßen versehen sind; bewohnt sind zwanzig von ihnen. Das *Mainland* (Hauptland) von Shetland wird von hundert Inseln umgeben, gleichsam eingekreist, großen und kleinen, bewohnten und unbewohnten. Die Hebriden (*Hebrides* – sprich: Hebredíes) erstrecken sich gute 200 Kilometer entlang der westlichen Atlantikküste, für die sie so etwas wie einen Wellenbrecher bilden. Es gibt über 500, 65 sind bewohnt.

Schwer zu raten, wo man anfangen sollte. Es hat ein jeder seine Vorlieben und Vorurteile. Meine Vorliebe gehört Skye, aber ich kann durchaus verstehen, daß andere Mull vorziehen, Iona oder die nordischen Shetlands. Da sind vier Namen gefallen, die ich, alles in allem, für die geeignetsten halte, um einen ersten Eindruck zu gewinnen. Mein dringender Rat: Nehmen Sie sich nicht zu viele Inseln auf einmal vor! Es ist lohnender, ein oder zwei Inseln genauer zu erforschen, als von einer zur anderen zu hüpfen, was mit oder ohne Wagen außerordentlich zeitraubend sein kann. Die meisten Fähren verkehren, zumindest im Sommer, zwar regelmäßig, aber mitunter doch nur einmal oder zweimal die Woche.

Das Wetter lassen Sie, bitte, außer acht. Nirgends wechselt es so rasch wie auf den Hebriden oder Orkneys. Hinfahren sollte ohnehin nur, wer Sonne, Wind, Regen, Sturm und womöglich Gewitter und Hagel in pausenloser Abfolge zu schätzen weiß. *If you don't like the weather,* sagen die Einwohner, *just wait a minute!* (Wenn Ihnen das Wetter nicht paßt, warten Sie einen Augenblick!)

Beginnen wir unseren kurzen Streifzug im hohen Norden.

Die Bewohner von Shetland fühlen sich nicht als Briten, nicht einmal als Schotten, sondern als eben Shetlander. Die nächste große Hafenstadt der Nordsee ist nicht Aberdeen, woher Sie vermutlich kommen, sondern Bergen in Norwegen. Norwegisch wird dann auch in den Schulen gelehrt; es liegt den Leuten hier oben näher als Gälisch. Die Helden der Shetlandsagen tragen Namen wie Hakon Hakonson oder Harald Hardrada. Es sieht auch alles sehr skandinavisch aus, die Klippen, die archäologischen Stätten, die Vogelschutzinseln, die Häuser und sogar das Kunstgewerbe, das man in Lerwick, der Inselhauptstadt, reichlich angeboten bekommt. Nach Lerwick führt sogar eine Autostraße vom Inselflughafen Sumburgh, die 44 Kilometer lange A 970.

Diese spielt eine besondere Rolle. Sie führt übrigens über Lerwick (6000 Einwohner) noch weiter in den Norden bis Hillswick (Einwohnerzahl unbekannt). Wie jeder Engländer einmal im Leben auf Land's End gewesen sein muß und sonst nur noch, bestenfalls, in der Kathedrale von Canterbury, so müssen manche Autofahrer durchaus die A 970 hinauf- und hinuntergerollt sein, Großbritanniens nördlichste Highway – zu finden auf einer Insel, die so weit von Großbritannien entfernt liegt, daß sie auf den Landkarten meist oben rechts oder links eingeschoben werden muß.

Vergessen Sie Ihren Feldstecher nicht! Die Shetlands sind ein Vogel- und Tierparadies. Eine Fahrt zu den Vogelinseln Foula mit ihren gewaltigen Klippen oder Fair Isle kann ich allerdings, selbst im Sommer, nur seefesten Damen und Herren empfehlen, die auch bei sogenanntem gutem Wetter ihren Südwester und ihr Ölzeug anlegen sollten. Regenschirme sind – wie übrigens in ganz Schottland, außer in den großen Städten – eher hinderlich und manchmal sogar gefährlich, wenn Sie etwa die bis zu 370 Meter hohen Foula-Klippen bei böigem Wind besteigen (und auf Foula ist der Wind immer böig).

Im Gegensatz zu den Shetlands sind die Orkneys flach. Die Einwohner, die rund 19000 *Orcadians*, von denen ein Viertel in der Hauptstadt Kirkwall lebt, fühlen sich gleichfalls weniger als Schotten. Wenn sie nach Schottland fahren, sind sie *off sooth*, »im Süden«, dort, wo wir uns schon im höchsten Norden vorkommen.

Auf den Orkneys blühen Landwirtschaft und Fischerei ebenso wie das, was sich auf englisch *wildlife* nennt und in Großbritannien sogar eine eigene Literatur hervorgebracht hat. Keine Buchhandlung ohne Wildlife-Abteilung. Orkney heißt übrigens »Insel der Seehunde«, ein noch heute zutreffender Name: So viele Tiere dieser – von den meisten als »lustig« empfundenen – Gattung sieht man sonst kaum irgendwo. Ihr Fell ist grau, und im Sonnenschein glänzt es fast silbern.

Nicht weit von Kirkwall liegt Scapa Flow, das Grab der deutschen Kriegsflotte: eine weite und stille Bucht, die wie ein Binnensee aussieht. Wer dächte hier als Deutscher nicht an den 21. Juni 1919, vielleicht auch jemand meines Jahrgangs an den 14. Oktober 1939, an Konteradmiral Ludwig von Reuter und U-Boot-Kapitän Günther Prien, an Schiffsnamen wie »Derfflinger« oder, andererseits, »Royal Oak«?

Admiral von Reuter, so habe ich in der Schule gelernt, war ein Held. Ich halte ihn heute eher für eine Mischung aus Münchhausen und Eulenspiegel, einen gewitzten »Mariner«, der einen sinnlosen Krieg mit einem ebenso sinnlosen wie großartigen Akt sanfter Willkür beendete.

In Scapa Flow, einem der Hauptstützpunkte der britischen Flotte im Ersten Weltkrieg, war am 23. November 1918 die gesamte – wie es bei uns in der Schule hieß: unbesiegte- deutsche Kriegsflotte von den Alliierten interniert worden. Für die 4700 Mann an Bord eine nervenzerrende Zeit. Sie durften nicht an Land, lebten von Graupen, Hartbrot aus den eisernen Reserven und Dörrgemüse; auch gab es wenig oder nichts zu tun auf der Wassereinöde der weitgestreckten Bucht. Manche bekamen Skorbut oder den »Scapa-Koller«, wurden krank und rasteten aus. Auf dem Schlachtschiff »Friedrich der Große« gründete man jedenfalls schon einmal nach dem Vorbild deutscher Soldatenräte eine Republik, die »Sonderrepublik Internierungsverband«. Nachrichten aus der Heimat flossen nur spärlich.

Das war wohl auch der Grund für Admiral von Reuters große Tat. Ihm hatte man nicht mitgeteilt, daß die Unterzeichnung des Friedensvertrages, von dem das Schicksal seiner Flotte abhing, um zwei Tage verschoben worden war. Das Ultimatum der Alliierten lief am 21. Juni ab. Folglich befand man sich, seiner Rechnung nach, wieder im Krieg. Die elf Linienschiffe, fünf Schlachtkreuzer, acht kleinen Kreuzer, 50 Torpedoboote, nicht gerechnet die kleinen Hilfsfahrzeuge, durften dem – nun wieder – Feind nicht in die Hände fallen. Von Reuter beschloß zu handeln. Ob der von ihm gewählte Akt ein heroischer war, steht dahin; ein Coup war es auf jeden Fall.

Sonnabend, 21. Juni 1919. Es ist windstill und sonnig. Eben gleitet ein Ausflugsdampfer, die »Flying Kestrel«, über die Bucht, vollbesetzt mit Schulkindern, die die 74 grauen Panzerungetüme mit den vielen Türmen und Kanonen anstaunen. Sie erleben ein seltenes, einmaliges Schauspiel.

Plötzlich beginnen die vielen Schiffe zu sinken, wie auf Kommando alle auf einmal, wenn auch in unterschiedlicher Geschwindigkeit und Schräglage. »Friedrich der Große«, das Linienschiff mit der eigenen Republik, verschwindet als erstes mit wehender Reichskriegsflagge in den Fluten, begleitet vom dreifachen Hurra der Mannschaft in den Rettungsbooten, in das auch die Republikaner einstimmen.

»Seydlitz«, »Von der Tann«, »Derfflinger« und »Hindenburg«, Torpedoboot um Torpedoboot, kentern und sinken mit geöffneten Ventilen und Bullaugen. Nur sechs kleinere Schiffe können von den aufgeregten Bewachern, die an eine Augentäuschung geglaubt haben müssen, rechtzeitig ans Ufer geschleppt werden. Als der englische Admiral Fremantle auf seinem Flaggschiff »Revenge« (Rache) von Schießübungen in der Nordsee zurückkehrt, ist von der fetten Beute für seine Flotte nichts mehr vorhanden. Noch heute liegen sieben Schlachtschiffe der alten Kaiserlichen Marine auf dem Grund der Scapa-Flow-Bucht. Den Rest hat man zwischen den Kriegen auf kostspielige, aber wegen des Schrottwerts lukrative Weise geborgen. Im Museum von Stromness ist die Bergung per Druckluft ausführlich dokumentiert.

Zwanzig Jahre später. Wieder ein Sonnabend, der 14. Oktober 1939. Wieder ist Krieg, und wieder ist Scapa Flow Hauptkriegshafen der britischen Flotte, die von hier aus die Nordsee am besten zu überwachen vermag. Die Bucht gilt als absolut sicher, die Einfahrt als hinreichend vermint, zudem durch versenkte und mit Zement gefüllte Schiffswracks versperrt.

Aber die Sicherheitsanlagen, sie sind wohl doch ungenügend, schützen gerade bei Ebbe oder mittlerer Flut. Bei Hochwasser gelingt es Kapitän Prien – ein ebenso kühnes wie seemännisch gekonntes Bravourstück –, mit seiner U 47 die Sperren zu überwinden. Sir Winston Churchill, damals Erster Lord der Admiralität: »Die Nachricht, ein deutsches U-Boot befände sich innerhalb Scapa Flows, hatte die englische Grand Fleet in der Nacht des 17. Oktober 1914 auf hohe See getrieben. Ein voreiliger Alarm. Nun wurde er, beinahe auf den Tag genau ein Vierteljahrhundert später, Wirklichkeit. Nachts um 1 Uhr 30 durchbrach ... ein deutsches U-Boot mit Hilfe der Gezeiten und der Strömungen unsere Verteidigungsanlagen und versenkte das vor Anker liegende Schlachtschiff ›Royal Oak‹ Zunächst traf von einer ganzen Salve Torpedos nur eines den Bug, wo es eine gedämpfte Explosion verursachte. Dem an Bord befindlichen Admiral und dem Kapitän schien es so unvorstellbar, daß ihr Schiff in der Sicherheit von Scapa Flow von einem Torpedo getroffen sein könnte, daß sie die Explosion auf einen internen Grund zurückführten. Es dauerte zwanzig Minuten, ehe das U-Boot, denn um ein solches handelte es sich, seine Rohre wieder aufgeladen hatte und eine zweite Salve abfeuern konnte. Dann rissen drei oder vier Torpedos, die in kurzer Reihenfolge trafen, die Haut des Schiffes auf, das kenterte und innerhalb von zehn Minuten sank. Die meisten Seeleute befanden sich auf Kampfposten, aber die Schnelligkeit, mit der sich der Schiffsrumpf zur Seite legte, machte es fast allen unter Deck unmöglich zu entkommen.«

An Bord der »Royal Oak« waren 824 Mann. Prien gelang das nautische Kunststück, anschließend auf demselben Weg zu entwischen, der ihn in die Höhle des Löwen geführt hatte. Churchill nannte es in britischer Fairneß *a feat of arms on behalf of the German U-boat commander,* ein kriegstechnisches Meisterstück des deutschen U-Boot-Kommandeurs. *The redoubtable Prien,* der gefürchtete Prien, wie Churchill ihn auch genannt und aus den anderen *tiptop U-boat commanders* herausgehoben hat, ist seinerzeit mitsamt der U 47 und ihrer Besatzung am 8. März 1941 vom britischen Zerstörer »Wolverine« versenkt worden. Alles in allem eine traurige, wenngleich nicht unehrenhafte Geschichte.

Die Bucht dient heute fast ausschließlich den Nordsee-Bohrinseln als Tankerterminal. Über die von Churchill 1939 / 40 rasch errichteten *Churchill Barriers* verläuft jetzt der Damm zu den Inseln Burray und South Ronaldsay. Wo noch rostige Schiffsrümpfe aus dem Wasser ragen – die *Churchill Barriers* bestanden aus versenkten ausgedienten Handelsschiffen –, sieht man Aalreusen und Krabbenkörbe. In den deutschen Wracks tummeln sich im Sommer die Tiefseetaucher, hin und wieder auch aus Deutschland, und viele Sportangler beziehen aus ihnen, die wahre Fischbrutplätze geworden sind, überraschend reiche Beute. Man verläßt den Schauplatz jüngerer und doch anscheinend schon lange vergangener Geschichte einigermaßen melancholisch gestimmt.

Das mag nicht nur am deutsch-englischen Schicksalshafen Scapa Flow liegen, sondern auch daran, daß es auf den Orkney-Inseln kaum einen Baum gibt.

Daniel Defoe, der Schottland immerhin vier Jahre lang bereiste (er wollte ganz Großbritannien kennenlernen und hat seine *Tour through the Whole Island of Great Britain* dann auch buchstäblich beschrieben), lehnte es aus diesem Grunde strikt ab, Shetland und die Orkneys in diese Tour einzubeziehen. Er war schlecht beraten.

Nirgends gehen Land, Fels und See so unmittelbar ineinander über wie dort. Stehen die Shetlands wie spitztürmige Burgen im meist hochaufschäumenden Meer, so gleichen die Orkneys jenen eleganten Wikinger-Langbooten, die in der See zu verschwinden scheinen, aber sie eben dadurch überwinden. Nicht zu vergessen der Himmel darüber. Er scheint endlos. Ultima Thule, noch heute, allen Ölbohrinseln und historischen Erinnerungen zum Trotz.

Die Hebriden –
ein ganz anderes Land

Die Hebriden wirken lieblicher, wenn man zuvor auf den Shetland-Inseln gewesen ist, aber auch nur dann. Der Wind, der unablässig weht, läßt die Bewohner – es sind nicht mehr als rund 30 000 – auf dem Lande ständig leicht gebückt gehen. Trotzdem gibt es Bäume, zumindest auf Skye. Die Nachbarinsel Mull, die manche für schöner halten als Skye, ist dagegen so gut wie kahl, jedenfalls was höhere Gewächse betrifft. Als Dr. Johnson ausgerechnet hier seinen Wanderstock verlor, riet ihm Boswell, ihn gar nicht erst zu suchen. Angesichts des Wertes, den damals auch das kleinste Stückchen Holz auf Mull besaß, sei er bestimmt längst verschwunden und einer anderen Nutzung zugeführt.

Man merkt immerhin, daß der Atlantik wärmer ist als die Nordsee. Eine Abzweigung des Golfstroms, der Atlantische Strom, berührt noch die Küste, vor allem natürlich die über 500 Inseln, die als »Äußere« und »Innere Hebriden« dem Festland vorgelagert sind. Daß sie trotz relativer Baumlosigkeit so grün sind, verdanken sie gleichfalls dem Atlantik. Was Mitteleuropa noch als gefürchtetes »atlantisches Tief aus Schottland« erreicht, nimmt hier seinen Ausgangspunkt mit sintflutartigen Regenfällen.

Für die gälische Urbevölkerung lag das biblische Paradies nirgends anders als auf den Hebriden. Noch ist ein Rest dessen vorhanden, was einst Adam und Eva im Überfluß zur Verfügung stand: reich bewässertes Land. Es wirft weiterhin genug ab, wenn man, aus dem Paradies vertrieben, hart zu arbeiten gewillt ist. Fische werden von hier bis in die USA geliefert, der Harris-Tweed ist ohne Zweifel der beste der Welt, und die Schönheiten von Land und Meer locken, dem Wetter zum Trotz, Jahr für Jahr eine größere Zahl von Touristen an, die es dem wackeren Dr. Johnson nachempfinden wollen, der hier (und nicht auf dem Festland) »eine eigene, eindrucksvolle Welt« fand.

Zudem sind die Hebriden leichter zu erreichen als zum Beispiel die Shetlands. Die Fähre von Kyle of Lochalsh nach Kyleakin braucht für die Fahrt *over the sea to Skye*, wir sagten es schon, keine fünf Minuten. Vom hübschen Oban aus nach Mull dauert es etwas länger, aber auch von dort nach Iona sind es knappe zehn Minuten Seefahrt – die Inneren Hebriden kann man kaum, wie so häufig zu lesen, als »entlegen« bezeichnen.

Die Inneren Hebriden, das sind, um die bekanntesten aufzuzählen: Skye, Mull, Staffa, Iona, Raasay, Muck, Eigg, Rhum, Tiree, Colonsay, Islay und Jura.

Skye verdankt seine Popularität Bonnie Prince Charlie und der mutigen Flora MacDonald, die am nördlichsten Zipfel der Insel, auf dem Kilmuir-Friedhof von Kingsburgh, begraben liegt. Die Romanze, falls es eine solche war, wird dann auch weidlich ausgeschlachtet. Man muß den Vorteil, den man vor anderen hat, nutzen, um so mehr, als jeder Vorteil auch Nachteile mit sich bringt. Für Skye heißt der große Nachteil: Kommerzialismus. Er füllt die Börse, aber er schreckt auf die Dauer auch ab.

Dabei ist Skye riesig in der Ausdehnung und so buchtenreich, daß man an keiner Stelle weiter als acht Kilometer vom Meer entfernt ist. Sechs große Halbinseln bilden die *Eilean Sgiathanach*, die »Geflügelte Insel«, deren Küste 1600 Kilometer lang ist. Man kann, muß aber nicht im überfüllten Broadford absteigen oder im landschaftlich überwältigenden Hauptstädtchen Portree. Das wirkliche Skye jedoch erschließt sich erst dem Fußwanderer in den verborgenen wilden Teilen, deren es noch genügend gibt.

An die Alpen erinnern die Cuillin Hills, schroffe, steile, hochragende Berge mit unverwechselbarer Silhouette. Ich habe allerdings in Portree ein Ehepaar getroffen, das schon zum sechsten Mal den Urlaub auf Skye verbrachte und noch nie die berühmten charakteristischen Bergspitzen gesehen hatte. Skye heißt nicht nur die »geflügelte« Insel, sondern ursprünglich, noch von den Wikingern her, *Skuyö*, die Wolken- oder Nebelinsel. Einen Namen, den sie, das muß man zugeben, tatsächlich verdient.

Aber ein verhangener Himmel kann sehr schön sein. Der zwischen den Cuillins eingezwängte blauschwarze Loch Coruisk wirkt nie unheimlicher und verlorener als im – oder noch besser: unter – dem Nebel des Gebirges. Und wer einmal im Drizzle-Regen über die von Dr. Johnson so verfluchten Hochmoore gewandert ist, auf denen man immer noch Torf für den Whisky sticht, wird das Hochmoor, den Regen und den nachfolgenden Talisker Malzwhisky bestimmt nie vergessen.

Doch schwärmen wir nicht zu sehr von Skye. Alle Inseln haben etwas Besonderes, was sie unvergeßlich macht. Skyes Hauptkonkurrent, Mull, im Süden gelegen, ist so glücklich, mit Tobermory über den wohl idyllischst gelegenen Kleinhafen der Britischen Inseln zu verfügen. Er hält manche davon ab, überhaupt irgendwo anders hinzufahren. Der Nachteil ... siehe Skye! Ich muß mich nicht wiederholen.

Auch Iona ist im Sommer von Touristen überlaufen – und Pilgern, die die wiederaufgebaute Abtei besuchen, die zur christlichen Begegnungsstätte erhoben wurde. Hier liegen 60 schottische, aber auch norwegische, dänische und französische Könige begraben, als letzter der von Macbeth getötete Duncan. Viele von ihnen dürften Landesfürsten, Häuptlinge oder Clan-Älteste gewesen sein, »Gebeine von Männern, die nicht erwarteten, so bald vergessen zu werden«, wie es der stets skeptische Dr. Johnson ausdrückte.

Staffa besitzt die große Fingal's Cave, die Felix Mendelssohn Bartholdy zu seiner *Ouvertüre Hebriden* oder *Fingalshöhle* inspirierte. Und Rhum besteht aus einem einzigen großen Naturschutzgebiet. Hier haben die *clearances* des 19. Jahrhunderts (siehe das Kapitel über die Landräumung) besonders hart zugeschlagen. 1826 wurde die gesamte Bevölkerung der Insel, rund 400 Bauern, gezwungen, nach Kanada auszuwandern. Der Gedanke, daß die Natur und ihre Liebhaber nun davon profitieren, mag trostreich sein, macht aber die Tragödie der Austreibung nicht ungeschehen.

Auf den Äußeren Hebriden, zu denen Lewis, Harris, North und South Uist, Eriskay, Barra und Benbecual gehören, ist das Leben härter; dafür ist aber auch alles mehr »beim alten« geblieben. Das allgemeine Torfstechverbot der Britischen Inseln scheint noch nicht bis in diese Einsamkeit gedrungen. Auf Lewis und North Uist erblickt man den Torf wie eine zweite Mauer um die *cottages* gestapelt: im Sommer gestochen, im Herbst getrocknet, im Winter verbrannt.

Das Gälische ist hier eine noch durchaus lebende Sprache. Es kann einem passieren, daß man von jemandem auf den kahlen, baumlosen Hochebenen freundlich gefragt wird: *Ciamar a tha sibh an diugh?*, was dem englischen *How are you today?* und dem deutschen »Na, wie geht's?« entspricht.

»Die Hebriden sehen heißt, ein ganz anderes Land sehen«: Dr. Johnsons berühmter Ausspruch behält seine Gültigkeit. Die Hebriden sind immer noch ein Stück Wikingerland. Tatsächlich gehörten sie, wie die Orkneys und Shetlands, bis zum Jahre 1266 zu Norwegen. Seither waren sie zwar formell dem König von Schottland untertan, wurden jedoch von den Macdonalds auf Finlay (die sich regelwidrig so schrieben wie die amerikanische Fast-Food-Kette) als eine Art von Königreich im Königreich regiert. Die Macdonalds waren jene *Lords of the Isles*, die nicht viel weniger galten als Könige und mit diesen auch auf Iona begraben liegen.

Von Iona aus haben einst die irischen Missionare Schottland, Wales und England zum Christentum bekehrt. Ein entlegener Ort? Gewiß. Aber zugleich eine Art Zentrum.

Missionare spielen noch heute auf den Inseln eine gewisse Rolle, hier und auf den Shetlands, zum Beispiel auf Foula. Sie bekehren, wenn sie können, wohl immer noch Heiden, ihre Hauptaufgabe besteht freilich darin, als Aushilfsgeistliche wenig bewohnte Inseln zu betreuen, die ein ordinierter Priester bei Sturm und Wellenschlag sonntags oder an Feiertagen nicht aufsuchen kann. Sie dürfen als Laien zwar weder taufen noch vermählen oder das heilige Abendmahl austeilen, wohl aber Gottesdienste abhalten, predigen und Gläubige bestatten. Obgleich von den Bewohnern Foulas, 25 Meilen westlich der Hauptinsel Shetland, keiner Mitglied der Kirche von Schottland ist und zu den Gottesdiensten am Sonntag gewöhnlich nur zwei Personen erscheinen, setzte es herbe Proteste, als man den Missionar abberufen wollte.

Ein rauher Landstrich, die Inseln in Nord und West, mit eigenen Problemen.

Es sind freilich immer die Menschen selbst, die die Probleme schaffen. So auch das Nerzproblem, dem man sich auf den durch eine schmale Landzunge vereinigten Inseln Lewis und Harris ausgesetzt findet. Da hat mancher *crofter* nach dem Krieg begonnen, Pelztiere zu züchten, Nerze. Aber erstens wollten diese in Gefangenschaft nicht recht gedeihen, und zweitens ging die Nachfrage für Pelzmäntel aufgrund reichlicher Proteste von Tierfreunden in aller Welt erheblich zurück. Offenbar entließen manche Züchter daraufhin die Tiere ganz einfach in die freie Wildbahn, in der sie sich nun, zu aller Erstaunen, wohl zu fühlen scheinen. Sie haben sich inzwischen derart vermehrt, daß sie zu einer wahren Landplage geworden sind.

Man schätzt, daß heute an die 16 000 Nerze den Farmern das Leben schwer machen, indem sie die freilaufenden Hühner reißen, Fischteiche ausräubern und die Nester seltener Vögel plündern, die vor allem Lewis bevölkern. Die rastlosen Tiere müssen dann irgendwann den Sound of Harris, einen Meeresarm, durchschwommen oder sonstwie überquert haben, denn inzwischen werden bereits die Netze und Krabbenkörbe der Fischer auf North Uist angeknabbert.

Nichts gegen die kleine Insel Gruinard an der Nordwestküste, auf der man im Zweiten Weltkrieg Giftgasversuche machte und die über Jahrzehnte hinweg unbewohnbar blieb, bis sie 1988 entgiftet werden konnte.

Ein schöneres Ziel für sie wäre Barra, die Blumeninsel der Hebriden, oder, falls Sie in einen der exklusivsten Klubs Großbritanniens eintreten möchten, St. Kilda, eine von vier Inseln, die weit draußen im Atlantik, 170 Kilometer vor der Küste, mit steilen, bis zu 350 Meter hohen Klippen aus dem Meer aufragend. Wer Mitglied des St. Kilda-Clubs werden möchte, muß eine Nacht auf St. Kilda verbracht haben.

Da ergaben sich allerdings einige Schwierigkeiten. Barra besitzt die einzige Flugzeuglandepiste der Welt, die täglich zweimal bei Flut überschwemmt wird. Und St. Kilda ist seit 1930 nur noch von Zaunkönigen und Feldmäusen einer Spezies, die es nur dort gibt, sowie unzähligen Seevögeln bewohnt.

Ein ganz anderes Land, Dr. Johnson hat recht.

Geiz und Aberglaube

Was macht ein Schotte, wenn ihm ein Freund schreibt, er erwarte endlich einen Brief von ihm; den Füllfederhalter könne er ja notfalls kostenlos im Postamt füllen?

Die Antwort: McDougal schreibt einen Brief, adressiert ihn aber an sich selbst und versieht ihn mit dem Absender des Freundes. Dann wirft er ihn unfrankiert in den Briefkasten und verweigert, als dieser am anderen Morgen eintrifft, wegen des geforderten Strafportos die Annahme. Der Brief geht nun an den angeblichen Absender zurück und erreicht den Freund, ohne daß er McDougal auch nur einen Penny Porto gekostet hat.

Es gibt Hunderte von schottischen Schottenwitzen, den sprichwörtlichen Geiz betreffend, der im Norden der Britischen Inseln vorherrschen soll: ein Aberglaube, der von den – ähnlich sprichwörtlich abergläubischen – Schotten kräftig geschürt wird. Die Schotten sind nicht geiziger als, sagen wir, im Durchschnitt die Deutschen. Das Land war jahrhundertelang bitterarm, und wer kein Geld hat, kann keines ausgeben. Aber schon der oft zitierte, mürrische Dr. Johnson lobte die große Gastfreundschaft, die er auf den Hebriden antraf, in einem, wie wir sagen würden, unterentwickelten Gebiet. Gastfreundlichkeit wird noch heute in Low- wie Highlands großgeschrieben. Ich bin schon von einem Gentleman im Kilt zu einem *wee dram* eingeladen worden, weil ich ihm im hügeligen Holyrood-Park zu Edinburgh auf engem Pfad ausweichen mußte.

Und wo anders als in Schottland gäbe es gelegentlich kostenlose Fähren? Sooft wir Skye besucht haben, die gewiß geringfügige Überfahrt von Kyle of Lochalsh an der Spitze der wildromantischen Halbinsel Bamacara war immer umsonst. Bezahlen muß man nur das Gefährt, Auto, Motorrad oder Omnibus. Und ich habe meine Frau gefragt, die es bestätigt: Nie haben wir erlebt, daß die Passagiere eines Omnibusses in Kyle of Lochalsh ihr Gepäck auf die Fähre schleppen mußten, weil der Bus dort blieb und sie drüben in Kyleakin ein anderer erwartete. Obwohl doch Reiseveranstalter auf diese Art gewiß einiges Geld sparen könnten! Aber nicht alle Schotten sind geizig. Ich möchte behaupten: Die wenigsten sind es.

Warum pflegen sie dann derart beharrlich ihr diesbezügliches und, wie man sagen muß, unvorteilhaftes Image? Weil man glaubt, in geizigen Ländern am preiswertesten und billigsten bedient zu werden? Aus Geschäftstüchtigkeit also?

Geschäftstüchtig sind die Schotten allerdings, da beißt keine Maus einen Faden ab. Sie denken sehr realistisch und fühlen sich, darin ungemein keltisch, einem anderen Volk verwandt, das auch seit Urzeiten oft und oft auf der Verliererseite gestanden hat, den Juden. Auch diese sind, aus unerfindlichen Gründen von ihren Verfolgern verachtet, gezwungen worden, mit erhöhter Intelligenz der oft schnöden Umwelt zu trotzen.

Es gibt eine Reihe von schottisch jüdischen Anekdoten, die vor allem in Aberdeen im Schwange waren oder noch sind. Sie werden von manchen für antisemitisch gehalten, aber das sind sie meiner Meinung nach nicht, denn die Juden sind wie die Schotten: Die besten jüdischen Witze stammen immer von ihnen selbst.

Dieser Witz veranschaulicht, wie ich meine, beide Volkscharaktere: Ein jüdischer Aberdonian wird gefragt, welcher Nationalität er sein möchte, wenn er nicht als Jude geboren wäre. Er antwortet: »Wahrscheinlich wäre ich am liebsten Engländer!« – »Und warum kein Schotte?« – Nach einigem Zögern kommt die Erwiderung: »Ach, wissen Sie, das wär' doch kein großer Unterschied!«

Ein guter Witz? Ein böser Witz? Eine Volksweisheit? Auch die Schotten mußten ähnlich wie die Juden eine größere Intelligenz entwickeln, um neben oder mit ihren englischen Landsleuten konkurrieren zu können. Möglicherweise ist der vorgeschobene krankhafte Geiz eine Art von Schutzschild, Tarnung, Camouflage?

Man findet in Schottland jedenfalls nichts dabei, wenn man in der Morgenzeitung unter »Vermischtes« Witze liest wie: »Ich glaube, dies ist schon die dritte Tochter, die Sie verheiraten?« – »Ja, und das Konfetti wird langsam verdammt schmutzig!« Wer sich nicht selbst zum besten halten kann, sagt Goethe, gehört gewiß nicht zu den Besten.

Vielleicht steckt auch eine Art Furcht dahinter, eine gewisse eingebleute Sparsamkeit könne unversehens in, eben, Geiz umschlagen, der man durch unablässige Parodie zu begegnen versucht? Das masochistische Langzeitexperiment, jenen Spott, den *kilt*, *bagpipe*, *sporran* und *tossing the caber* noch heute bisweilen erregen, in andere Bahnen zu lenken? Dagegen spricht das natürliche Selbstbewußtsein, das Schotten gewöhnlich besitzen und das sich, selten genug auf dieser Erde, mit ebenso natürlicher Freundlichkeit zu paaren pflegt. Man fühlt sich auf diese Weise im fremden Land erstaunlich rasch zu Hause.

Das gilt aber wohl eher für Mitteleuropäer. Georges Mikes, der gründlich anglisierte ungarische Schriftsteller, hat einmal festgestellt: »In Schottland fühlen sich die Engländer fremder als der ausländische Besucher, der eine engere Verwandtschaft zwischen Engländern und Schotten entdecken wird, als die Schotten zugeben wollen.«

Die Beobachtung ist richtig. Erinnern Sie sich an die Engländerin im ersten Kapitel, die ganz erleichtert war, als sie wieder englischen Boden unter den Füßen fühlte, obwohl sie doch ganz bewußt die Reise nach Schottland gebucht haben mußte? Mag sein, daß Sie und ich vor allem dasjenige erkennen, was Engländern und Schotten nun einmal gemeinsam ist, wozu in Maßen auch die Sprache gehört. Der Engländer nimmt in Schottland zuallererst das Unterschiedliche, Trennende, für ihn Ausländische wahr, vor dem er insgeheim erschrickt. Er erschrickt, das sei hinzugefügt, vor allem Ausländischen, weshalb er ja auch im einstigen Weltreich überall, selbst im afrikanischen Busch, englische Sitten und Gebräuche, vom *early morning tea* bis zum *evening dress*, eingeführt hat.

Die Fremdheit des Engländers in Schottland wird dort jedoch gleichsam künstlich verstärkt und gefördert. So kann es gut sein, daß auch der Geiz oder angebliche Geiz als spezifisch schottische Eigenart bewußt aufgebauscht worden ist. Gleich, um welche Eigenart es sich handelt: Hauptsache, man hebt sich dadurch von denen im Süden ab, und es gelingt, eine allmähliche »Verengländerung« zu verhindern. Das Unterbewußte der Volksseele greift anscheinend nach jedem rettenden Strohhalm.

Hören wir noch einmal den unverdächtigen, weil mit Leib und Seele zum Engländer gewordenen Mikes: »Ich habe die Schotten immer für gastfreundlich und großzügig gehalten, eigentlich gastfreundlicher und großzügiger als die Engländer.«

Haben Sie die bei Piper erschienene *Gebrauchsanweisung für England* gelesen? (Wenn nicht, besorgen Sie sich diese gleich in Ihrer Buchhandlung!) Dort steht, das angebliche britische Höflichkeitsgefälle von Nord nach Süd und mit abnehmender Tendenz gen Süden beruhe auf einem Mißverständnis. Dennoch: Die Höflichkeit hat im Norden andere Dimensionen als im Süden. In England, den Anschein hat es, beruht die allgemeine Freundlichkeit auf einem Gefühl berechtigter oder unberechtigter, auf jeden Fall instinktiver Überlegenheit. In Schottland wird sie selbstverständlicher gehandhabt, ohne Sittenkodex, und vielleicht erklärt sie sich ein wenig aus einem unbewußt vorhandenen Unterlegenheitsgefühl. Culloden und die Landvertreibungen können schließlich im Volkscharakter ihre Narben hinterlassen haben – verwunderlich wäre es nicht.

Eine plausible Erklärung für die Vorliebe der Schotten, sich vor aller Welt als Geizhälse zu produzieren, die sie nicht sind, wird es kaum geben. Mikes gab den bösen Engländern die Schuld, weil sie ursprünglich Armut mit Geiz verwechselten. Aber dann erhebt sich die Frage, warum die Schotten diese Verwechslung mit derart masochistischer Inbrunst aufgegriffen und *ad infinitum* fortgeführt haben. Inzwischen sitzt dieser Ruf an ihnen wie eine zweite Haut oder ein maßgeschneiderter Kilt.

Weshalb die Schotten als abergläubisch gelten, kann ich Ihnen jedoch verraten: weil sie es sind.

Geschichten vom Zweiten Gesicht, wie sie bei uns auch in Dithmarschen oder Friesland im Schwange sind, hört man nicht nur auf den Hebriden und den Shetlands – wenn auch dort am häufigsten und überzeugendsten –, sondern sogar in den Lowlands. Die unheimliche Eigenschaft, in die Zukunft sehen zu können, wurde schon den keltischen Druiden zugeschrieben. Auf ihr beruhte deren Machtstellung und Politik. Die gälische Literatur ist uns, da mutwillig zerstört, so gut wie unbekannt geblieben. In den Sagen und Volksmärchen Schottlands mögen manche ihrer Grundzüge erhalten geblieben sein, letztlich druidisches Erbe. Schottlands Volksüberlieferung ist phantastischer und zugleich blutvoller in jederlei Hinsicht als die der meisten anderen Völker, die Iren ausgenommen.

Spuk und Geistererscheinungen gibt es in schottischen Schlössern und Burgruinen noch viel mehr als südlich des Tweed, wo daran ebenfalls kein Mangel herrscht. Wer jemals eine Nacht in einem schottischen Schloß oder gar, in den Highlands, im Freien zugebracht hat, ist durchaus geneigt, seinen Skeptizismus zumindest zeitweilig und zumindest für diese Breitengrade abzulegen.

Kaufen Sie sich die Broschüre *Haunted Scotland*, in der jede Weiße Frau und jeder unter- oder überirdische Klopfgeist selbst in den Burgen verzeichnet steht, die inzwischen zu Luxushotels umgestaltet worden sind. Dann mieten Sie sich dort ein und stopfen sich vor Mitternacht mit allen Geschichten von schlafenden Königen, Seehexen, *kelpies*, *fairies*, dem Schwarzen Kapitän, den sieben blutigen Köpfen, dem Fluch der Witwe, Roderick Mackenzie oder den bösen Feen von Tomnahurich voll, deren Sie habhaft werden können; es gibt sie an allen Kiosken. Vergessen Sie auch nicht den Schluck *mountain dew*, Bergtau, der dazugehört, möglichst Malt Whisky der besten Sorte.

Schlägt es zwölf, löschen Sie das Licht, öffnen das Fenster und lauschen auf die Geräusche draußen, den brausenden Wind oder Sturm, das Käuzchen im Baum, das klagende Geheul in der Ferne (Hofhund, Fuchs oder was?). Es knackt im Gebüsch, und der Nebel über Spey oder Dee tanzt im Mondlicht wie, ja nun, ein Gespenst.

Wenn Sie dann noch Mut haben, begeben Sie sich – möglichst ohne Begleitung, mutterseelenallein – an den von besagter Broschüre beschriebenen Spukort, den Dachboden, die inzwischen verlassene und dunkle Hotel-Burg-Lounge oder das Wiedergängergebiet auf dem alten Friedhof mit dem hochaufragenden Keltenkreuz in der Mitte.

Ob Sie Geistern und Gespenstern begegnen oder wie Farquhar Grant, der Fiedler von Inverness, erst nach 100 Jahren aus dem Reich der Zwergwesen zurückkehren, steht dahin. Garantiert werden Ihnen eisige Schauer nie gekannter Art den Rücken entlangjagen. Halten Sie Ihren *wee dram* bereit!

Und lesen Sie nicht nur Reiseführer!

Lesen Sie vor Ihrem Schottland-Besuch kaledonische Schauergeschichten und auf der Schottland-Reise erst recht!

Lesen Sie Robert Louis Stevenson!
Lesen Sie Sir Walter Scott!

Schottland hat zwei Gesichter. Das erste ist realistisch, auf praktische Taten eingestellt, auf Jagd, Fischfang, Technik, Geschäfte, Golf.

Das zweite Gesicht blickt in die entgegengesetzte Richtung, in – meinetwegen – abergläubisches Dunkel, dem die Mythen der Welt entstammen, ob wir an sie glauben oder nicht.

Schottland erlebt nur, wer beide Gesichter akzeptiert.

Abschiedsbesuch in Abbotsford

Zuweilen überfällt einen der Traum, für kurze Zeit und wie von einem Zauberteppich entführt an einen Platz zu gelangen, den man gern hat, aber nur schwer oder selten erreicht. Meist sind das ganz bestimmte Orte, die einem sofort einfallen, sobald von einem Land oder einer Landschaft gesprochen wird.

Merkwürdig: Wenn ich von Schottland rede oder höre, fühle ich mich unwillkürlich nach Tantallon Castle versetzt. Tantallon symbolisiert für mich Schottland. Ich bin nur ein einziges Mal dagewesen, vor zehn oder mehr Jahren, aber dort habe ich, schon damals mit über zwanzigjähriger Schottland-Erfahrung, Schottland als Abenteuer erlebt, wie es mir bis dahin unbekannt geblieben war.

Tantallon liegt einsam, wenn auch an der A 198, auf einem Felsvorsprung über dem Firth of Forth. Wir erreichten es damals zu Fuß, von Dunbar aus auf dem Weg nach North Berwick. Da das Wandern auf einer Landstraße mühsam ist, schlugen wir uns zur Abkürzung in die wilde Dünenlandschaft, die sich den Firth entlang hinzieht. Ihre höchsten Sandhügel erreichten beinahe die Höhe von Munros, und in den Tälern flossen Priele, die wir durchwaten mußten, was die Sache zwar abwechslungsreich, aber unübersichtlich machte.

Am Ende hatten wir uns völlig verirrt. Das fanden wir zunächst nicht weiter schlimm, um so mehr, als eine Fata Morgana ähnlich einem Menschen mit Pfeife in einem Geländewagen grüßend vorüberbrauste und um den nächsten Hang verschwand. Aber von Nordwesten drohte eine Gewitterwand und, schlimmer noch, das Wasser in den Prielen stieg immer höher – die Flut kam, und es konnte gut sein, daß die gesamte Landschaft bald zur Hälfte oder gar ganz überschwemmt sein würde. Wir hetzten weiter, den Spuren des Geländewagens nach – ich erzähle dies nicht zuletzt aus dem Grund, Sie vor diesem oder ähnlichen Uferstreifen an schottischen Fjorden zu warnen.

Das Wasser stieg erstaunlich schnell. Aus den Bächen in den Dünentälern wurden rasch reißende Ströme, die wir längst nicht mehr überall durchwaten konnten oder mochten. In letzter Minute erreichten wir – atemlos – sicheres graswachsenes Gelände, mehr durch Zufall als durch kalkulierte Überlegung.

Der Anblick war einmalig. Hoch vor uns auf steiler Klippe lag eine Burgruine mit gewaltigen Mauern. Wie ein Spukschloß türmte sie sich über uns auf vor der drohenden Kulisse der Gewitterwolken, die uns ihren ersten nassen Gruß entgegenschickten. Und dort war auch die Straße, auf der wir Hand in Hand dem Schutz der Burg entgegenrennen konnten.

Unterschlupf nach überstandener Gefahr – vielleicht, daß für mich deshalb Tantallon die Burg aller Burgen ist, mehr noch als Castle Stalker im Loch Laich, Dunottar Castle auf seinen dramatischen Kliffs bei Aberdeen oder die unvergleichliche Royal Burgh von Stirling (das die Engländer »Störling«, die Schotten aber »Stirrling« aussprechen). Diese drei findet man häufig abgebildet auf Plakaten und Prospekten als typisch für Schottland, was sie gewiß auch im besten Sinne sind.

Doch nichts geht über Tantallon, wo einem, soeben dem Tode durch Ertrinken entronnen, der Kastellan im erhaltenen Teil des Gebäudes die grausigen (während eines draußen tobenden Gewitters indes ganz gemütlich wirkenden) Verliese zeigt und man bei abziehender Blitz- und Donnerfront anschließend lange in den Ruinen hoch über dem Meeresarm herumklettert, auf einem luftigen, wenngleich abgesicherten Pfad, der nur gänzlich Schwindelfreien zu empfehlen ist. Damals sind wir viel zu spät nach North Berwick zurückgekommen.

Auf Tantallon spielt Scotts *Marmion*, auch dient es in einem Roman von Robert Louis Stevenson – war es *Kidnapped* oder *Catriona*? – einer Schmugglerbande als Versteck.

Es wäre übrigens nett, wenn uns der erwähnte Zauberteppich anschließend im Mackintosh-Tea-Room in der Sauchiehall Street zu Glasgow absetzen würde. Oder in der Cafeteria von Abbotsford am Tweed.

Wer in Schottland ist, sollte einen Antritts- oder Abschiedsbesuch bei Sir Walter Scott nicht vergessen.

Der Tweed ist lieblicher, als es die Flüsse sonst in Schottland zu sein pflegen. Ein bißchen Neckar, ein bißchen Rhein – so schlängelt er sich, von Burgen und vor allem alten Klöstern mit ehrwürdigen Namen wie Jedburgh, Kelso, Melrose, Dryburgh gesäumt, zwischen waldbedeckten Hügeln und buckligen Weiden hindurch, auf denen jene Schafe grasen, deren Wolle in Galashiels oder Peebles zu den unvergleichlichen Stoffen verarbeitet wird. In den *Mills* am Tweed sind sie besonders preiswert zu erwerben, was eine Wanderung den Fluß entlang zusätzlich empfehlenswert macht.

Sollten Sie von Edinburgh aus mit dem Bus kommen, lassen Sie sich einfach an den Tweed-Brücken absetzen. Schon vorher haben Sie beim Vorbeifahren am anderen Flußufer ein langgestrecktes Gebäude mit unzähligen Türmchen, Zinnen, Kaminen aus Back- sowie Sandstein erkennen können, das sich nach Art britischer Landhäuser zum Wasser hin stolz und in schöner Breitenansicht von der Schokoladenseite her darbietet. Zur Straße hin verbirgt es sich dagegen, wie üblich, hinter hohen alten Bäumen. Abbotsford.

Wer seinen Fontane gelesen hat, weiß, worum es sich handelt: um das Anwesen von Sir Walter Scott, dem Autor der *Waverley*-Romane. Fontane fand das Haus abscheulich, aber die *Waverley*-Romane schätzte er über alles.

Ich dürfte nicht der einzige sein, der es eher umgekehrt hält.

Fontane wörtlich: »Der ganze Bau übernimmt wider Willen die Beweisführung, daß sich ›eines nicht für alle schickt‹ und daß die Wiederbelebung des Vergangenen, das Ausschmücken einer modernen Schöpfung mit den reichen, poetischen Details des Mittelalters, auf einem Gebiete bezaubern und hinreißen und auf dem andern zu einer bloßen Schnurre und Absonderlichkeit werden kann. Diese Romanze in Stein und Mörtel nimmt sich, um in dem Vergleiche zu bleiben, den der Dichter selbst gewollt hat, nur etwa aus, als habe er in einem seiner Schreibtischkästen hundert hübsche Stellen aus allen möglichen alten Balladen gesammelt, in der bestimmten Erwartung, durch Zusammenstellung solcher Bruchstücke eine eigentliche *Musterromanze* erzielen zu können. Es fehlt der Geistesblitz, der stark genug gewesen wäre, die widerstrebenden Elemente zu etwas Einheitlichem zusammenzuschmelzen.«

Schön gesagt, aber ich kann mir nicht helfen – ich finde dieses kurios sämtlichen schottischen Schlössern und Landsitzen abgekupferte Abbotsford, ein Potpourri von einem Haus, geradezu atemberaubend. Fontane bedauerte, »der Steinromanze gegenüber nicht den Ton der Liebe und Verehrung anschlagen zu können, an den sich die Lippen fast gewöhnt haben, wenn sie den Namen Sir Walters nennen«.

Dabei entspricht Abbotsford dem Werk Sir Walter Scotts geradezu hundertprozentig. Schottisch, allzu schottisch wie das Gebäude, so sind auch seine Romane, nämlich eine höchst wirkungsvoll kombinierte Mischung aus historischer Wahrheit, Halbwahrheit und Dichtung, geschickt, ja mitreißend, fast schon im Hinblick auf spätere Hollywood-Schinken erzählt, voller Räuber, Könige, Jungfrauen und Schlachten, sehr bösen sowie sehr guten Menschen, denen man das Gute und Böse auf den ersten Blick anmerkt, kurzum: gehobene Kolportage.

Das fand ich wenigstens, ehe ich Abbotsford gesehen hatte, finde es im Grunde immer noch, obwohl ich inzwischen milder urteile, sogar ein gemäßigter Sir-Walter-Scott-Fan geworden bin, was alles mit der »Romanze in Stein und Mörtel« zu tun hat. Wahrscheinlich läßt sich aus vielen verstreuten schönen Balladenstellen sowie historischen Überlieferungen doch so etwas wie eine Musterromanze in Vers- oder Romanform fabrizieren, wenn man's richtig anpackt.

Dabei erwies sich Abbotsford bei mir keineswegs als Liebe auf den ersten Blick. Der Weg dahin war hübsch. Er führte vorbei an blühendem Ginster (der, was er nur in Schottland tut, nach Paprikagulasch duftet), aber er streckte sich doch arg in die Länge. Keine Windung des Tweed ließ er aus, und wenn Flüsse sich besonders gut zu winden verstehen, dann in Schottland.

Wir hatten uns vorgestellt, Abbotsford sei ein Ort, Dorf oder bestünde doch wenigstens aus einigen Häusern sowie einem Pub, in dem man einkehren kann. Es wurde Mittag, wir hatten Hunger und Durst, aber die Holzbaracke mit der Aufschrift *Tea Room* am Straßenrand erwies sich als geschlossen und Abbotsford tatsächlich als eben nur *The Home of Sir Walter Scott*, das einzige Haus weit und breit. Es blieb uns nichts anderes übrig, als statt zu Tisch und Trunk zur Besichtigung des Dichtersitzes zu schreiten.

Man durchquert einen gepflegten, von hohen Mauern eingefaßten Park mit Kieswegen, gepflegtem Rasen, gestutzten Buchsbäumen und einigen nicht sehr eindrucksvollen Gipsplastiken. Der erste Mensch, den wir endlich seit dem frühen Morgen zu Gesicht bekamen, war nun der Kassierer des Eintrittsgeldes; dann standen wir, die einzigen Gäste, mitten drin im Labyrinth einer nationalen Gedenkstätte, mit knurrendem Magen und trockener Kehle, ein Zustand, in dem ich für nationale und sonstige Gedenkstätten nicht übermäßig empfänglich bin.

Meiner Frau erging es ähnlich. »Du hättest wenigstens eine Tüte Shortbread einstecken können«, sagte sie, die Raeburn-Verehrerin, ausgerechnet vor dem Scott-Porträt des Sir Henry Raeburn, das über dem Kamin des *Drawing Room* hängt. Und ich ertappte mich vor einem im selben Raum befindlichen Musikinstrument bei dem nicht sehr geistreichen Ausruf: »Sieh da, eine Harfe!«

Es gibt überhaupt ungeheuer viel zu sehen in Abbotsford, man kann gar nicht alles aufzählen und auch die sehr eigenartige Anordnung kaum beschreiben. Ritterrüstungen *en masse*, Waffen, Waffen, Waffen, 9000 Bücher, ein Porträt von Scotts Lieblingshund Ginger, ein Trinkglas des Bonnie Prince Charlie, ein Siegel der Maria Stuart, ein Federetui, das Napoleon auf dem Schlachtfeld von Waterloo zurückließ, das Schwert James VI., ein Richtschwert mit rostigen Blutspuren, eine Urne mit der Asche eines Freundes des Dichters, der schon im ersten Kapitel erwähnte Schlüssel zu Maria Stuarts Gefängnis auf Lochleyen Castle, ein weiterer zur Burg von Selkirk und wer weiß, was noch alles: ein Konglomerat von Fälschungen und echten Gegenständen, ungeordnet, nicht eben faszinierend, nicht einmal geschmackvoll, wie ich zunächst fand.

Und doch: Je länger der Rundgang dauerte, desto mehr Überraschungen hielt er bereit und desto mehr schlug uns der chaotische Mischmasch in seinen Bann. Kommt es wirklich darauf an, daß alles große Kunst oder echt ist, was einer zusammenträgt? Gleicht nicht die Einrichtung von Sir Walters Abbotsford viel eher dem, was sich im Laufe eines Lebens bei einem jeden ansammelt, ob er will oder nicht, im wortwörtlichen und übertragenen Sinn? Irdisches Gepäck, das man mit sich herumschleppt. Erst wenn das Herz daran hängt, bekommt es seinen Wert und seinen Sinn.

Was seit über 150 Jahren Tag für Tag in Abbotsford

sorgsam von Staub befreit wird und, obzwar altertümlich; fast wie neu wirkt, legt Zeugnis ab vom Charakter des Dichters, enthüllend und anrührend zugleich. Eine kuriose Selbstbiographie, nach deren Lektüre – oder besser: Einblicknahme – man plötzlich auch den Sammler der Geschichte und Geschichten von *Borders*, dem Grenzbezirk zwischen England und Schottland, den Dichter und Romanschriftsteller besser versteht – einschließlich aller Mängel, aber auch in seiner Bedeutung für dieses Land und, vielleicht, die Welt.

Am Ende ist er es gewesen, der Schottland zunächst auf die literarische, dann die geographische Landkarte zurückgebracht hat. Ein Genie, für das seine Zeitgenossen ihn hielten, mag Sir Walter Scott nicht gewesen sein, aber eben doch der rechte Mann zur rechten Stunde, ein echter Schotte, der es verstand, in seinen Lesern einen regelrechten Schottland-Enthusiasmus zu wecken. Ihm verdankt das Land seine Renaissance.

Sein Geist ist hier in Abbotsford weiterhin spürbar, zwischen Kunst und Kitsch, Folklore und Gelehrtenpoesie, in diesem Haus, das Fontane nicht mochte.

Wir mögen dieses nostalgische Stil- und Formengemisch heute wieder. Wir müssen es wohl mögen, weil wir mitten zwischen Unvereinbarem leben und wahrscheinlich, auch was unsere Vorfahren betrifft, immer gelebt haben. Mit anderen Worten: Abbotsford ist überall.

Schon auf unserer nächsten Station, Melrose, wo wir auch endlich eine Mahlzeit bekamen, habe ich mir seinen *Rob Roy* gekauft und gleich in der Abteiruine zu lesen begonnen. Diese wurde in den Grenzlandkämpfen viermal zerstört und dient inzwischen als Friedhof. Unter dem Hochaltar der Kirche soll das Herz des Königs Robert the Bruce beigesetzt sein. Ein verwunschener Ort. Keiner hat ihn eingehender geschildert als Sir Walter Scott in seinem epischen Gedicht *The Lay of the Last Minstrel*, durch das er berühmt wurde.

Er hat aber auch – *nobody is perfect* – Steine aus der Ruine brechen und mit ihnen Teile von Abbotsford errichten lassen.

Selbst dies ein schottisches Gleichnis. Bewahrung und Zerstörung sind in diesem Land immer Geschwister gewesen.

Bibliographie

Bartholomew, John (Hg.): *Scotland*. London 1989
Bell, Brian (Hg.): *Scotland*. Singapore 1988
Bell, Brian (Hg.): *Edinburgh*. Singapore 1989
Berlitz: *Schottland-Reiseführer*. Lausanne 1980
Bold, Alan: *Scotland's Kings and Queens*. Andover 1980
Bold, Alan: *Bonnie Prince Charlie*. Andover 1973
Boswell, James: *The Journal of a Tour to the Hebrides*. London 1984
Burns, Robert: *Selected Poems*. London 1977
Burns, Edward: *Letters from a Gentleman in the North of Scotland*. 5. Auflage 1818.
Clan House, *Edinburgh: Scots Kith & Kin*. London 1989
Caiches, David: *Glasgow*. London 1982
Dewar, John: *Dewar's Manuscripts. Volume I: Scottish West Highland Folk Tales, collected in Gaelic for the 8. Duke of Argyll, translated into English by Hector MacLean*. Glasgow 1964
Finlayson, Clarence: *The Strath*. Edinburgh 1979
Fleming, Susan: *The Little Whisky Book*. London 1988
Fontane, Theodor: *Jenseit des Tweed*. Berlin 1982
Grant/Parker: *Hadrian's Wall*. Middleton-in-Teesdale 1989
Gunn, Neil M.: *Whisky and Scotland*. London 1988
Hanley, Clifford: *The Scots*. London 1982

Herm, Gerhard: *Die Kelten*. Düsseldorf und Wien 1975
Hope, Annette: *A Caledonian Feast*. London 1989
Johnson, Samuel: *A Journey to the Western Islands of Scotland*. London 1984.
Junior, Allan: *The Aberdeen Jew*. Dundee 1927
Kean, Mary: *Scottish-English, English-Scottish*. Bristol 1972
Lajta, Waltraud: *Schottland, Land, Leute, Geschichte*. Pforzheim 1989
Lord Cawdor: *Cawdor*. Cawdor Castle o.J.
MacDonald, Jonathan: *Flora MacDonald*. Duntulm, Skye 1989
MacDonald, Jonathan: *Discovering Skye*. Fort William o.J.
MacHale, Des: *The World's Best Scottish Jokes*. London 1988
Mackay, Colin: *The Song of the Forest*. London 1987
Mackay, Colin: *The Song of the Sea*. Edinburgh 1989
Mackenzie, R. F.: *A Search for Scotland*. London 1989
McKichan, Finlay: *The Highland Clearances*. Harlow 1977
Mcleod, Iseabail: *Pocket Guide to Scottish Words*. Glasgow 1987
McNeill, F. Marian: *The Scots Kitchen. Its Lore and recipes*. London 1979
Merian-Reiseführer *Schottland*. München 1989
The Meteorological Office: The Climate of Scotland. Some Facts and Figures. London 1989
Mikes, George: *England mit Schottland und Wales*. Luzern 1980
Morton, H. V.: *Schottlandreise*. München 1989
Murray, Douglas: *Victorian Strathpeffer*. Strathpeffer 1985

Ohff, Heinz: *Gebrauchsanweisung für England*. München 1988

Owen, William: *Strange Scottish Stories*. Norwich 1985

Prebble, John: *Glencoe*. London 1968

Prebble, John: *Culloden*. London 1987

Prebble, John: *The Highland Clearances*. London 1969

Prebble, John: *Mutiny*. London 1977

Price, David: *Scottish Borders*. Middleton-in-Teesdale 1989

Ramsay, Dean: *Reminiscences of Scottish Life and Character*. London 1857

Sager, Peter: *Schottland. Geschichte und Literatur, Architektur und Landschaft*. Köln 1980

Sked, Phil: *Culloden*. Edinburgh 1987

Syne, Lang: *Songs of Scotland*. Newtongrange 1978